Georges Gyory

Détection d'obstacles par vision stéréo

Georges Gyory

Détection d'obstacles par vision stéréo

Pour conduite de voiture assistée

Presses Académiques Francophones

Impressum / Mentions légales

Bibliografische Information der Deutschen Nationalbibliothek: Die Deutsche Nationalbibliothek verzeichnet diese Publikation in der Deutschen Nationalbibliografie; detaillierte bibliografische Daten sind im Internet über http://dnb.d-nb.de abrufbar.

Alle in diesem Buch genannten Marken und Produktnamen unterliegen warenzeichen-, marken- oder patentrechtlichem Schutz bzw. sind Warenzeichen oder eingetragene Warenzeichen der jeweiligen Inhaber. Die Wiedergabe von Marken, Produktnamen, Gebrauchsnamen, Handelsnamen, Warenbezeichnungen u.s.w. in diesem Werk berechtigt auch ohne besondere Kennzeichnung nicht zu der Annahme, dass solche Namen im Sinne der Warenzeichen- und Markenschutzgesetzgebung als frei zu betrachten wären und daher von jedermann benutzt werden dürften.

Information bibliographique publiée par la Deutsche Nationalbibliothek: La Deutsche Nationalbibliothek inscrit cette publication à la Deutsche Nationalbibliografie; des données bibliographiques détaillées sont disponibles sur internet à l'adresse http://dnb.d-nb.de.

Toutes marques et noms de produits mentionnés dans ce livre demeurent sous la protection des marques, des marques déposées et des brevets, et sont des marques ou des marques déposées de leurs détenteurs respectifs. L'utilisation des marques, noms de produits, noms communs, noms commerciaux, descriptions de produits, etc, même sans qu'ils soient mentionnés de façon particulière dans ce livre ne signifie en aucune façon que ces noms peuvent être utilisés sans restriction à l'égard de la législation pour la protection des marques et des marques déposées et pourraient donc être utilisés par quiconque.

Coverbild / Photo de couverture: www.ingimage.com

Verlag / Editeur:
Presses Académiques Francophones
ist ein Imprint der / est une marque déposée de
OmniScriptum GmbH & Co. KG
Heinrich-Böcking-Str. 6-8, 66121 Saarbrücken, Deutschland / Allemagne
Email: info@presses-academiques.com

Herstellung: siehe letzte Seite /
Impression: voir la dernière page
ISBN: 978-3-8416-2637-0

Copyright / Droit d'auteur © 2013 OmniScriptum GmbH & Co. KG
Alle Rechte vorbehalten. / Tous droits réservés. Saarbrücken 2013

L'auteur remercie

M. Michel Parent de l'INRIA pour m'avoir accueilli dans le projet CARSENSE et pour son soutien après la fin de mon CDD

Prof. Bertrand Zavidovique de l'Université d'Orsay pour son assistance amicale, ses conseils judicieux, ses relectures et son soutien moral pour la rédaction de cette thèse

M. Fabien Robert de l'École des Mines qui fut mon stagiaire pendant trois mois et qui a testé le code de recyclage des fenêtres puis écrit le code de l'expansion linéaire avec enthousiasme

MM. Raphaël Labayrade, Morgan Mangeas (LIVIC / INRETS) et Mikaël Kaïs (INRIA) pour m'avoir gracieusement prêté leurs séquences d'images

Mme Isabelle Herlin et M. Hussein Yahia (INRIA) pour leurs consultations et leur assistance dans le lancement des démarches en vue de faire aboutir cette thèse

M. Georges Ouanounou (INRIA) qui a fait l'installation des pages décrivant ce travail sur le site IMARA à *http://www-rocq.inria.fr/imara/stereoVision/index.html*

Et ma fille Irma pour la relecture du texte et la chasse aux erreurs de hortographe.

En ce qui concerne **ceux qui ont retardé ce travail** par
- Des promesses non tenues,
- L'endommagement du matériel (je pense aux câbles des caméras),
- Des conseils moyennement judicieux qui finirent par être réfutés,
- Les offres de m'installer dans un local de stockage au lieu d'un bureau,
- La fourniture des séquences inutilisables avec un retard important
- Leur incapacité de transmettre un message
- L'oubli de décommander leur RV en cas d'absence
- La gravure d'un CD comportant deux fichiers différents ayant exactement le même nom
- Leur oubli de faire la présentation prévue de ce travail *et cætera*,

nous ne les énumérerons pas, faute de place.

LE PORT MARLY, 2003

Table des matières

0. Le problème 7
   0.1. Notation 7
   0.2. But 7
   0.3. Description du problème et du metaproblème 7
   0.4. Limites de la définition 8
   0.5. Premières hypothèses 10
      0.5.1. Environnement 10
      0.5.2. Obstacles visés 11
      0.5.3. Méthodes de détection 12
1. L'état de l'art 15
   1.1. Tour d'horizon 15
      1.1.1. Quid ? 15
         1.1.1.1. Définition de l'obstacle 15
         1.1.1.2. Traduction « algorithmique » de l'obstacle 16
      1.1.2. Erreurs 17
      1.1.3. Environnement 17
      1.1.4. Vitesse 18
      1.1.5. Capteurs 18
   1.2. Résumé succinct de travaux antérieurs 21
      1.2.1. En résumé 29
   1.3. Problèmes d'identification d'objets, de fusion des données et du suivi d'obstacles 32
   1.4. Présentation du problème 36
2. Visite guidée des méthodes essayées 39
   2.1. Cartes de disparité 41
      2.1.1. Préliminaires 41
      2.1.2. Théorie à vérifier 45
   2.2. Ill-fitted contour climbing (ICC) 49
      2.2.1. Préliminaires 49
      2.2.2. Conjecture à vérifier 50

- 2.2.2.1. Route plane, deux caméras 51
- 2.2.2.2. Identification de points sur la route 53
- 2.2.2.3. Mouvements de la voiture 55
3. Vérification (expérimentale ou non) d'hypothèses 58
   - 3.1. Séquences utilisées 58
   - 3.2. Cartes de disparité : expérimentation à exécuter 59
   - 3.3. Ill-fitted Contour Climbing: expérimentation à exécuter 61
     - 3.3.1. Transformé de Hough 63
     - 3.3.2. Retroprojection sur la route 66
     - 3.3.3. Interdépendance du *shift* et du *skew* 68
   - 3.4. Possibilité de la prédiction 69
   - 3.5. Plan d'expérimentation 71
4. Résultats de l'expérimentation 72
   - 4.1. Cartes de disparité : résultats 72
     - 4.1.1. Expansion linéaire de la carte de disparité 72
     - 4.1.2. Expansion non-linéaire de la carte de disparité 75
   - 4.2. Ill-fitted contour climbing : résultats 82
     - 4.2.1. Alignement 82
     - 4.2.2. Ill-fitted contour climbing (ICC) 86
     - 4.2.3. Interlude : prédiction 91
     - 4.2.4. Transformé de Hough 95
     - 4.2.5. Interdépendance du shift et du skew 101
     - 4.2.6. Ill-fitted contour climbing : conclusion 104
5. Évaluation 107
   - 5.1.1. Algorithmique, vitesse d'exécution 109
   - 5.2. Calibrage 113
   - 5.3. En résumant 115
6. Prévisions et conclusion 116
   - 6.1. Améliorations à envisager 116
     - 6.1.1. Cartes de disparité : reste à faire… 116
     - 6.1.2. Ill-fitted contour climbing : reste à faire 117
     - 6.1.3. Détection de marquage 118
   - 6.2. Recadrage 119
   - 6.3. Perception 120
7. Références 122
   - 7.1. Autres : 126

8. Annexes 127
   8.1. Planches de contacte des séquences utilisées 127
      8.1.1. Première séquence, 1 image sur 5 127
      8.1.2. Deuxième séquence, 1 image sur 5 128
   8.2. Divergence entre cartes de disparité denses et prédites 129
   8.3. Code 130

0. Le problème

0.1. Notation

Dans le texte, sont utilisés les hiéroglyphes

 au sens bourbakien,

 définitions,

 hypothèses (qui se perdent trop facilement dans un texte) et

 démarche ou programme accessoire (périphérique) par rapport à la future version à implanter.

0.2. But

Détecter les obstacles a l'air simple tant qu'on n'a pas commencé à réfléchir sur le problème. La voiture détecte les obstacles et le conducteur, étant averti en temps utile, active le dispositif adéquat (pédale, volant, levier..).

Voyons donc le problème de plus près.

0.3. Description du problème et du metaproblème[1]

Nous avons trouvé la meilleure définition de la notion d'obstacle dans le classique (et pratiquement introuvable) *Expert Driving the Police Way,* de *John Miles.*

Tout ce qui oblige un conducteur, conduisant correctement, à anticiper un changement dans sa conduite est un **obstacle**.

---

[1] définition du problème

L'anticipation doit se dérouler dans l'ordre suivant:

- Changement de direction
- Modification de vitesse
- Changement de vitesse (*gear*)
- Signalisation (à la main ou par clignotant)
- Avertissement sonore
- Considération des parties de la surface où un dérapage peut se produire.

🐍 Si l'on arrive à l'obstacle sans avoir considéré ces six points, alors on a conduit trop vite.

Il découle de cette définition que la notion d'obstacle dépend du conducteur et de son style de conduite. Ainsi adopter un style de conduite dit « de père de famille » sert aussi à rencontrer et traiter moins d'obstacles, mais aller plus vite peut être utile pour ne pas s'endormir d'ennui pendant la nuit.

Un obstacle peut donc être, entre autres, une voiture qui précède et s'apprête à stopper (avec ou sans clignotant), un trou sur la chaussée, un piéton qui titube sur le trottoir, la pluie qui commence à tomber, l'endroit où la neige a été accumulée par le vent sur une chaussée enneigée partout, une plaque de verglas, du brouillard, un moucheron dans l'œil gauche du conducteur, le fait que l'on ne voit plus la direction de la chaussée sous la neige, ou encore une sortie d'école un jour non férié.

0.4. Limites de la définition

S'il est illusoire de vouloir détecter tout cela avec un capteur donné, par exemple deux caméras et un programme informatique, et il l'est, il convient alors de prendre le problème par l'autre bout et considérer ce que l'on peut faire par vision stéréo ou avec d'autres capteurs. Ce n'est qu'ensuite que l'on peut accommoder le problème dans le lit de Procruste de sa définition par la Recherche appliquée et la Technique. Non sans d'ailleurs l'inciter habilement à y prendre place par la massue de bronze de Perriphétès, à savoir une adaptation de la réglementation (qui, entre autres, incite chacun à ne plus réfléchir pour choisir sa vitesse).

Que peut-on donc détecter ?

Tout d'abord, on ne peut pas garantir de détecter tout ce qu'il faudrait détecter comme obstacle, même pour un style et une vitesse de conduite uniformisés. Cette incertitude implique notamment l'appellation « système d'assistance à la conduite ». Le concepteur du système en remerciera la communauté : le conducteur garde ses responsabilités .

Ensuite, la notion d'obstacle varie remarquablement avec les possibilités de la technique de détection mise en œuvre.

Restons dans l'exemple caméra.

Que l'on calcule le flot optique et l'obstacle vu dans l'image caméra devient un contour qui – et donc – ne se déplace pas comme s'il était dans le « plan de la route ». Un rail longeant la route peut alors passer inaperçu car il n'y a pas de déplacement visible de points de contour. Ceci est correct s'il ne demande pas d'anticipation, pourtant d'autres méthodes le détectent comme obstacle et considèrent la détection comme tout aussi correcte. Que l'on commence à changer de file et ce rail devient à juste titre un obstacle, espérons le, détecté. Un objet qui s'approche au-dessus de la route avec une vitesse « trompe-l'œil » passera inaperçu aussi.

Pour les adeptes des cartes de disparités, un obstacle est hors du plan de la route et présente des points de contour. Les points situés plus bas que la route restent cependant difficiles à détecter et souvent on fait abstraction de cette nature d'obstacle. Plus difficile encore est d'identifier le plan de la route, surtout en présence de changements d'inclinaison. Pourtant, vu la définition, faute de le bien faire, le système risque de détecter tous les marquages au sol comme obstacles.

D'une manière générale, les systèmes optiques sont insuffisamment précis en vitesse et en distance pour les objets lointains : en général ils ne font pas la différence entre objets avançant au moins à la vitesse de la voiture de référence, plus lents qu'elle ou stationnaires.

Si ensuite on envisage d'autres capteurs : les radars ont aussi bien des forces (exactitude de l'estimation de la vitesse et de la distance, immunité au brouillard) que des faiblesses (incertitude de détection de la position angulaire) par rapport aux conducteurs humains. Ces systèmes peuvent, si elles sont mal exploitées, rendre encore plus dangereux pour les autres le conducteur assisté.

Prenons maintenant un point de vue « obstacle ». Afin de lister, à titre d'exemple, quelques possibilités de détection pour des obstacles d'une autre type, on remarquera que les zones mouillées (avec risque de dérapage accru) ont des couleurs moins saturées. Reste qu'en général les systèmes de vision utilisent des caméras noir et blanc, moins gourmandes en mémoire. Les zones de verglas peuvent être identifiées par l'absence de bruit de roulement. Au lieu de cela les « détecteurs de verglas » usuels mesurent la température près du sol, mais non pas celle du sol, et n'ont pas d'information fiable quant à la présence d'eau sur la route.

0.5. Premières hypothèses

Il ressort de l'analyse amorcée ci-dessus, que la définition du problème de détection présuppose celles de :

- Ce qui détecte
- Ce qui doit être détecté
- Les contraintes conduisant aux méthodes.

En quelque sorte, on décrira ici le déjà mentionné lit de Procruste du problème. C'est-à-dire on posera un problème proche de la détection des obstacles au sens ci-dessus, notamment détection en temps utile, mais un problème qui pourtant laisse un espoir de se voir résoudre.

0.5.1. Environnement

On utilisera deux caméras en niveaux de gris de sensibilité linéaire, qui seront utilement remplacées dans une phase ultérieure par des caméras de sensibilité logarithmique. Les caméras sont disposées avec des axes optiques parallèles, à la même hauteur et dans l'axe de la voiture, à une distance (= *base*) bornée par la taille de la voiture. Cette disposition a le mérite de limiter le coût (en temps de calcul) de la rectification d'images (voir à 2.1.1). Les caméras prennent les images de façon synchronisée, avec une fréquence variant entre 8 et 25 Hz, selon la vitesse d'exécution de l'analyse.

La séquence d'images captée peut être analysée *offline*, donc sur un ordinateur différent de celui embarqué dans la voiture. L'auteur a utilisé des Macintosh et l'environnement CodeWarrior / C pour le développement et son stagiaire un PC sous Linux / C.

La voiture d'exploitation est équipée de plusieurs systèmes capteurs.
L'identification des obstacles est supposée s'effectuer grâce à la fusion des données fournies par chacun d'entre eux.

0.5.2. Obstacles visés

Les obstacles à détecter sont tout d'abord limités par ce qui est visible, donc donnent des contours observables avec des caméras en niveau de gris. Nous nous restreignons, en plus, aux contours ayant une étendue verticale : on observera par exemple que le dessus du muret au milieu de la route vers l'image 60 de la séquence en Annexe 8.1 n'est pas détecté. La raison de cette limitation supplémentaire tient à ce que, les caméras étant à la même hauteur, on ne peut estimer la distance de contours horizontaux.

Ensuite, on est surtout intéressé par les obstacles sur la route. On souhaitait éviter la détection des objets suspendus à bonne hauteur au-dessus de la chaussée, celle des passages surélevés transversaux (en revanche leurs piliers nous intéressent en tant qu'obstacles). On pourrait penser simplement effacer la partie de l'image au-dessus de l'horizon. Notons que sa détermination pose des problèmes philosophiques en cas de route non-plane et des problèmes pratiques en tous cas. Nous nous sommes attachés à faire mieux et, pour la méthode ICC, nous avons postulé que

les obstacles qui nous intéressent ont (dans leur vaste majorité) un
contour visible, incliné dans l'image caméra à moins de 45° et jouxtant le sol.

À l'opposé de plusieurs auteurs ayant des préoccupations proches des nôtres [Labayrade] suppose que les obstacles ont des points dans l'image tous à la même distance observable. Ceci est certainement vrai en cas d'obstacles suffisamment lointains, mais nous éviterons d'exploiter une telle simplification. On verra en effet dans les exemples qu'une voiture proche que l'on s'apprête à doubler, obstacle s'il en fut, (voir l'image 85 de la séquence en Annexe 8.1) présente des points de contour à des distances perceptiblement différentes.

0.5.3. Méthodes de détection

Le choix des méthodes de détection est déterminé par au moins deux exigences :

- La vitesse de détection par analyse des images : elle doit être optimisée dans le pire cas et non en temps moyen d'exécution, pour raisons évidentes de sécurité.
- L'utilité des résultats fournis à la fusion de données.

En d'autres circonstances, les options retenues auraient été différentes. On verra que dans les expérimentations de la première méthode essayée, les exigences ci-dessus étaient moins bien satisfaites.

Pour ce qui est de la vitesse, les effets de ces critères sur les méthodes choisies sont:

- L'algorithme prend en entrée les images sans rectification (elle est coûteuse en temps de calcul), il doit être insensible aux petites erreurs d'alignement des caméras
- On pourrait améliorer légèrement les estimations en distance des contours détectés, au prix d'un re-calcul basé sur la hauteur de l'horizon estimée dans l'image, au lieu de celle issue de l'image précédente ou prédite. Ceci n'a pas été fait pour des raisons de temps de calcul. De plus, on verra que les erreurs dans les estimations des distances sont toutes positves, ou toutes négatives, par rapport aux distances réelles : donc le sens de l'erreur globale peut être pris en compte dans la fusion. Nous savons que les valeurs de distance fiables viendront des radar et lidar, la vision stéréro ne pouvant prétendre les concurrencer pour les distances importantes.

Pour ce qui est de la qualité des résultats fournis à la fusion de données, les effets de ces critères sont :

- On s'intéresse plus à la distance, à la positon angulaire et à la certitude de détection des obstacles qu'à leur hauteur. La segmentation des points de l'image, nonobstant son intérêt pour faire des démonstrations apporte peu, d'après nous, à un conducteur qui a la route à regarder. Une valeur de certitude de détection est plus précieuse pour le système de fusion des données.

- On ne s'évertuera pas à compter exactement les obstacles. C'est un exercice un peu trop gourmand en calcul avec risques de confondre deux voitures en dépassement et à la même distance, ou de compter pour deux un gros camion avec un grand à-plat au milieu (qui entraîne deux morceaux apparents). On pourrait alors penser obtenir un comptage moins erroné en exploitant ces contours horizontaux que nous avons décidés de négliger. On n'arrivera pas à une certitude absolue. Un lidar est beaucoup mieux placé pour compter les obstacles, même si face à un grillage il en trouve beaucoup.

- On ne tient pas à reconnaître en tous les cas un obstacle partiellement caché derrière un autre. On suppose dans ce travail que la question d'intérêt est de savoir jusqu'à quelle distance la route est libre, en fonction de la position angulaire. Cette restriction peut toujours être levée si véritablement nécessaire par une méthode de fusion qui gère des hypothèses sur ces occlusions. Reste que pour une fusion probabiliste l'apport du deuxième obstacle est vraisemblablement faible.

Fort de cette première analyse, nous pouvons mieux sérier les apports de nos prédécesseurs. Ceci est fait au chapitre 1. Il en découle

1- Une grille de lecture des différents travaux qui permet de préciser encore ce problème résoluble après lequel nous cherchons, ainsi que

2- Des données susceptibles de l'illustrer.

De ce premier résultat nous déduisons une série de méthodes plausibles, dont nous décrirons les essais au chapitre 2. La conclusion en est le fondement de notre propre méthode ainsi que les exigences de la démarche expérimentale. Le chapitre 3 est alors naturellement consacré à la vérification de nos hypothèses : construction d'un modèle et expérimentation. L'ensemble est concrètement exploité au chapitre 4 pour déboucher au chapitre 5 sur une première évaluation de la complexité, exigence trouvée dès l'introduction au chapitre 0.

1. L'état de l'art

1.1. Tour d'horizon

En regardant ce qui a été fait dans le domaine de la détection d'obstacles, on constate une joyeuse diversité. On peut cependant classer les résultats convenablement selon les critères suivants :

- Quel était le but recherché, ceci en termes de :
  - Ce que l'on considère comme obstacle
  - Les importances attribuées aux erreurs de détection positive et négative
  - En quel environnement (jour / nuit, route plane / non-plane / tout-terrain)
  - Vitesse de détection requise
- Quels étaient les moyens mis en œuvre :
  - capteurs actifs / passifs, mono / stéréo, vidéo gris / couleur / IR
  - algorithmes

Force est de constater que cette diversité règne dès la définition des obstacles. Pour guider les aveugles à la hauteur de leur canne blanche [Se] les exigences et les moyens sont tout autres que pour prévenir les accidents d'un grand excavateur [Leger] ou d'un hélicoptère.

1.1.1. Quid ?

1.1.1.1. Définition de l'obstacle

Le problème de détecter un obstacle est différent pour un piéton [Se], pour un robot autonome dans un couloir [Roh] ou sous le soleil [Mundhenk], pour un véhicule sur une route plane [Mandelbaum], en tout-terrain [Nasa3] ou pour un hélicoptère [Coherent]. Dans la plupart des cas, la notion d'obstacle est quand même liée à un modèle de terrain libre, que ce modèle soit « terrain plat » ou juste « terrain accessible », sans forcément passer par des obstacles préalablement catalogués.

Une exception notable est [Tsuji] qui a fixé pour but de détecter les piétons dans le noir et qui utilise deux caméras infrarouges pour repérer une différence de température de 5° Celsius. Pour lui l'obstacle est quelque chose de plus chaud que l'arrière-plan (piéton à température externe inférieure à 32 C°, bouche d'aération, etc.).

Le problème peut se poser à l'inverse, comme chez [Mundhenk], pour qui la difficulté est plutôt de suivre une ligne peinte sur de l'herbe parmi des bidons, sans s'égarer entre les lignes de contraste de l'herbe et celles des vrais obstacles. A l'opposé de nombreux auteurs qui adoptent une hypothèse de route plane et considèrent des obstacles au-dessus de ce plan, [Mundhenk] s'efforce de détecter et d'éviter les trous aussi dans la surface.

Pour [ONVVC] tout ce qui est visible et en travers du chemin n'est pas obstacle. Pour optimiser le mouvement d'un véhicule tout-terrain en présence de matériaux végétaux, il est nécessaire que le véhicule puisse décider de passer à travers des objets compressibles. Pour les gros véhicules en général les obstacles à détecter sont aussi plus grands, exception faite des précautions de sécurité d'un grand excavateur au travail [Leger].

Enfin, ceux qui font du suivi d'obstacle, par exemple avec ou sans filtrage de Kalman [Betke], [Lefaix] [Suppes], [Baram], considèrent qu'il n'y a pas d'obstacle sans permanence au fil de plusieurs images. Bien entendu, ceci dégrade la latence de réaction sinon la vitesse de détection.

1.1.1.2. Traduction « algorithmique » de l'obstacle

Dans les applications tout-terrains un obstacle peut être représenté comme une région précise et de forme variable sur une carte [Nasa3]. Dans d'autres cas où l'on regarde plus loin il est représenté comme une distribution gaussienne sur la carte [Suppes] [Carsense], ce qui est bien pratique pour la fusion probabiliste des données. La présence d'un obstacle peut être signifiée par l'appartenance (floue) de son emplacement à un ensemble flou de rectangles dans une grille relative au véhicule [Novick]. Souvent, seuls les contours verticaux d'un obstacle sont vus, et dans ce cas, on fait confiance à différentes méthodes de mise en correspondance des lignes pour identifier les objets [Se], [Steinkraus].

1.1.2. Erreurs

Quant aux importances des fausses détections positives (détection sans obstacle présent) et négatives (non-détection d'un obstacle présent), les opinions diffèrent suivant les applications. Pour la plupart d'entre elles, il est préférable de ne pas rater un obstacle réel, quitte à avoir quelques fausses détections, comme pour [Tsuji], sans mécanisme de défense contre ces fausses détections. La même philosophie prévaut pour une tondeuse autonome [Toro]. Un apport majeur des solutions multicapteurs [Carsense], [Olson] est qu'elles essaient, en général, de limiter les fausses détections à la fois positives et négatives.

1.1.3. Environnement

Nous restreignons ici l'environnement aux conditions de visibilité et celles de planéité de la route.

La luminosité joue sur les capteurs de vision que l'on peut employer (en infrarouge ou en lumière visible). La visibilité peut être influencée par la pluie. À notre connaissance, personne n'a à ce jour de système de vision par caméra qui fonctionne sous la pluie. Cependant une contrainte de permanence des obstacles aide aussi à filtrer les effets de la pluie.

Le manque de lumière peut nécessiter l'emploi de capteurs actifs (avec leur propre illumination, comme les radars ou lidars). Notons que pour des applications militaires on préférera séparer la source d'illumination de l'observateur.

L'hypothèse d'une route plane (ou d'une piste de décollage, [Sull]) est bien commode et permet l'emploi de modèles confortables [Baram], [Mallot], [Novick]. Quelques auteurs l'utilisent sans l'annoncer explicitement [Bertozzi2]. D'autres essaient de construire un modèle de la route en 3D [Carsense], [Labayrade], [Singh] et ceci d'autant plus si l'application a une vocation tout-terrain [Mandelbaum], [Nasa2], [ONVVC].

1.1.4. Vitesse

La vitesse de détection est souvent passée sous silence. En d'autres cas, on a plus d'information comme dans [Se] : « *The current DGPR implementation takes 1.5 seconds on the average to process a pair of 128x128 images on an Ultra-Sparc machine.* », ceci expliquant cela.

Pour des applications automobiles et autres applications temps réel avec humain dans le paysage, un temps de réaction de l'ordre de quelques dixièmes de secondes est désirable. Dickmanns situe le temps de réaction désirable à 0,2 secondes. D'autres, plus téméraires, plus insouciants de la cohabitation des véhicules assistés avec les conducteurs humains ou encore plus timorés quant à la technologie, le mettent plus bas (comme [Carsense] à 0,1 seconde). Faute de garantir une perception suffisamment rapide pour une réaction sûre on peut toujours ralentir les véhicules ou les robots mobiles.

1.1.5. Capteurs

Un système de detection peut être mono- ou multicapteurs. Plusieurs capteurs servent, le plus souvent, à abaisser le taux d'erreurs dans les détections. Pour ce faire, des algorithmes supplémentaires notamment de contrôle (maintien de cohérence, commutation adaptative de représentations etc.) deviennent nécessaires.

Les capteurs peuvent être actifs ou passifs. Les capteurs actifs captent l'énergie fournie par eux-mêmes après reflexion des obstacles : les radars ou lidars (radar linéaire infrarouge) en font partie ou encore le système d'écholocation des chauves-souris. Les capteurs passifs ne fournissent pas l'énergie captée. Les capteurs actifs ont des cycles de détection relativement lents (aggravés par le temps de propagation en sens aller). Ils demandent plus de puissance processeur [Singh].

Les radars utilisés pour la conduite assistée sont le plus souvent des « chirp radars » et ils calculent volontiers la vitesse de l'obstacle avant sa distance. Ils sont très exacts en distance et beaucoup moins en orientation. Une de leurs erreurs typiques est due à leur hauteur d'installation, ils peuvent mesurer la distance jusqu'à l'axe arrière d'un camion (et non jusqu'à son arrière). L'autre erreur typique des radars mesurant d'abord la vitesse ou lissant beaucoup les résultats de mesure est de fusionner des obstacles en occlusion partielle : dans le cas d'une moto devant un camion, on verra un seul obstacle à une distance intermédiaire suivant leur surface réfléchissante.

Les lidars sont les scanners infrarouges linéaires. Avec une tête rotative ils balaient une ou plusieurs surfaces de cônes quasi plats, d'axe vertical, pour les applications de conduite assistée. Ils fournissent typiquement 4 à 8 images / sec. et sont relativement immunes contre la pluie [Carsense]. Ils sont sensibles aux dénivellations de la route et aux mouvements (tangage, roulis) de la voiture, renvoyant alors l'intersection du cône de détection avec la surface de la route.

Les gyroscopes et les capteurs d'angle de braquage (comme le yaw rate sensor) sont surtout utiles pour évaluer les données fournies par les autres capteurs, typiquement pour mieux relier les observations successives dans le temps. Une autre utilisation (avec odométrie) en est le positionnement (souvent couplé avec un GPS) du véhicule [Toro] sur une carte des environs. Comme décrit dans l'annonce du First workshop on integration of vision and inertial sensors
(http://paloma.isr.uc.pt/icar/workshop/inervis , 29 June 2003, Coimbra, Portugal) : *The "beauty" of combining these two sensor modalities are the complementary characteristics of camera and inertial sensors. On one hand, the inertial sensors have large measurement uncertainty at slow motion and lower relative uncertainty at high velocities. Inertial sensors can measure very high velocities and accelerations. On the other hand, the cameras can track features very accurately at low velocities. With increasing velocity tracking is less accurate, since the resolution must be reduced to obtain a larger tracking window with same pixel size and, hence, a higher tracking velocity.*

Last but not least, il y a les caméras. Elles peuvent être monochromes (en infrarouge ou lumière visible) ou couleur [Toro] et leur sensibilité peut être linéaire ou, dans le cas des monochromes, logarithmique [Carsense]. Les caméras de sensibilité logarithmique (en densité) ont l'avantage d'être plus robustes à l'irradiation, mais au prix d'une baisse de contraste dans les parties claires. Elles peuvent fournir, dans les cas courants, 25 images / sec.

Fig. 1.1 : Images 26 gauche et droite de la séquence. Dans les analyses les bas des images contenant les reflets des trous d'aération sont parfois tronqués.

Les caméras peuvent être employés seules [Toro] ou par paires stéréo [Mandelbaum]. [Williamson] en emploie trois. Dans le cas de plus d'une caméra les cartes de capture d'image assurent l'acquisition synchronisée. Pour mettre en correspondance les points des images fournies par plusieurs caméras, il peut être nécessaire, suivant les algorithmes de reconstruction utilisés, de calibrer les caméras. On rectifie les images en utilisant les données de la calibration, selon la géométrie épipolaire [Faugeras]. Dans la pratique, on préfère souvent aligner les caméras à la même hauteur en faisant coïncider les plans d'image caméra, perpendiculairement au plan sagittal du véhicule. Les capteurs et les objectifs étant identiques, la rectification devient alors une opération idempotente sur les images. Dans le cas où le *pinhole camera model* ne peut pas être appliqué, d'autres procédés de rectification deviennent nécessaires [Nasa1]. Différents algorithmes de vision stéréoscopique ont des sensibilités différentes à l'exactitude de l'alignement, on pourra se reporter à la discussion proposée par [Labayrade].

Les caméras fournissent - en termes de bande passante - le plus d'informations parmi tous les capteurs. Elles sont les plus similaires à un organe de perception humaine (l'œil), ce qui est un grand avantage du point de vue de la cohabitation de la conduite assistée avec les conducteurs humains. Ceci explique qu'à notre connaissance tout système d'aide à la conduite sur route comporte une ou des caméras. Il s'ensuit aussi que les caméras ont les mêmes faiblesses que la vision humaine: sensibilité à l'éblouissement, inexactitude dans la mesure des grandes distances et insensibilité aux obstacles sans contours visibles. Ce dernier inconvénient se multiplie avec les caméras monochromes qui peuvent ne pas voir un obstacle rouge sur fond vert. Comme les contours horizontaux sont difficiles à analyser avec deux caméras sur le même plan horizontal, un obstacle en travers de la route (comme un tronc d'arbre) peut rester non détecté [Singh]. Il est également difficile de détecter les dénivellations de la route en absence de marquage au sol.

1.2. Résumé succinct de travaux antérieurs

Dans cette section suivront les résumés des articles cités dans le texte et de quelques autres, de façon à donner un aperçu des travaux et des courants de pensées précédents. Une classification suivant leurs apports sera donnée dans la section suivante. Comme la multiplicité des critères et les apports foisonnant des contributions ne permettent pas une classification linéaire unique, nous avons trouvé préférable de présenter les résumés en ordre alphabétique et privilégier la facilité de recherche pour le lecteur qui y revient en suivant les références du texte.

[Aguado] voit la disparité sur une ligne de l'image comme une fonction linéaire par intervalles (entre points de contour) et utilise cette propriété pour calculer des images intermédiaires. La méthode augure mal des déplacements verticaux des objets. Elle n'en pointe pas moins sur une limitation vraie des méthodes basées sur les cartes de disparité, fréquentes en détection d'obstacles.

[Baram] donne une technique basée sur l'expansion apparente d'un objet texturé qui approche. Les dérivées spatiales et temporelles sont classées par un réseau de neurones pour identifier les situations de future divergence qui caractérisent les collisions.

[Baten], avec les auteurs du Sarnoff Institute ([Mandelbaum]), donne la description d'une méthode d'élimination de la surface non-plane de la route dont le profil est modélisé par une clothoïde. Minimisant la disparité par aires il trouve une surface approximative à mettre en correspondance entre les deux images. Pour l'image suivante, il calcule le déplacement de cette surface et, la voyant de plus près, l'affine. Sont considérés comme obstacles les aires dont les disparités déparent eu égard à leur voisinage.

[Bertozzi1] utilise une projection des images des caméras stéréo sur la route (*inverse perspective mapping*) pour simplifier le suivi de marquages (les lignes redeviennent de largeur constante) et la détection d'obstacles (par comparaison des deux images simplifiées). Il propose une architecture matérielle de projection. Le tout est tributaire d'une route plane et de l'absence de tangage du véhicule. L'effet de la perte de définition dans l'image projetée n'est pas détaillé.

[Bertozzi2] détaille davantage l'algorithme précédent. Pour décrire les difficultés de la comparaison des deux images caméra, il utilise le terme horopter dans un sens différent et plus traditionnel que [Mandelbaum].

[Betke] utilise plusieurs types d'information comme couleur, contours, *scene features* (les voitures doivent être rectangulaires) et mouvement des objets pour suivre les voitures dans le centre de l'image et estimer les paramètres du bord de route. Le tout est tributaire à nouveau d'une route plane et de l'absence de tangage du véhicule. La méthode ne traite pas des problèmes d'occlusion.

[Carsense] est un projet européen IST de conduite assistée sur route. Il utilise plusieurs capteurs (vision stéréo (le présent mémoire) et mono [Lefaix], lidar, radar courte portée et radar longue portée) et une méthode de fusion de données avec suivi d'obstacles, inspirée de [Bar-Shalom].

[Coherent] décrit un lidar à *frequency chirped waveform* pour l'évitement d'obstacles (en particulier câbles) des hélicoptères.

[Jenkin] construit une tête stéréo avec des caméras décalibrables pour mettre en correspondance les points sur la surface de la route. L'approche est sensible à une route non plate et au tangage. Pire encore, la distorsion des images qui résulte de la décalibration n'est qu'une approximation de la distorsion exacte à appliquer, donc le procédé s'appuie sur un modèle géométrique approximatif.

[Labayrade] utilise, à partir des images monochromes stéréo (IG et ID), une projection épipolaire pour synthétiser le contour de la route dans le plan sagittal de la voiture (soit l'image IS). Il synthétise également une seconde projection épipolaire, vue d'en haut (soit l'image IH). Il analyse IS par une transformée de Hough pour y détecter la surface de la route et considère le reste comme obstacles. En parcourant IG et ID, il identifie les points qui coincident avec les points d'un obstacle à une distance donnée dans IS puis les repère dans IH. Il en déduit des limites de l'obstacle verticales et horizontales respectivement dans ID et IG, permettant au final une segmentation des obstacles en rectangles non disjoints en fonction de la segmentation des points d'obstacle en IS selon leur distance de la caméra.

La méthode montre parmi toutes la sensibilité la plus grande à la rectification des images. Un décalage d'un demi-pixel rapporté de l'alignement mécanique des caméras change déjà sensiblement le contenu de l'accumulateur de Hough. Soulignons cependant que le résultat de l'analyse reste pratiquement constant jusqu'à 3 – 4 pixels de décalage horizontal. Indépendamment de cette robustesse relative des résultats, le décalage a posé quelques problèmes pour la prise des séquences, les caméras ayant d'abord été fixées au plafond de la voiture. La déformation mécanique de celui-ci pendant la conduite a suffisamment décalibré les séquences pour les rendre inutilisables. Ce problème tient au fait que la synthèse sagittale à partir d'images de caméras perpendiculaires à ce plan sagittal est un problème faiblement déterminé. Un faible désalignement des caméras physiques peut entraîner un large décalage en distance dans l'image reconstruite.

[Lefaix] et [Steinkraus] utilisent du flot optique pour la détection d'obstacles avec une seule caméra pour les robots mobiles [Steinkraus] ou les voitures [Lefaix]. Ils supposent que l'image de la caméra vient du plan de la route et calculent sa déformation pour l'image suivante. Tout ce qui ne se déforme pas comme prévu est considéré comme étant hors du plan de la route, donc comme obstacle. La méthode peut se tromper sur un petit objet au-dessus de la route qui s'approche.

La méthode de [Lefaix] a été intégrée dans le projet [Carsense].

[Leger] : détection prudente d'obstacles pour un excavateur autonome, technique non détaillée

[Mallot] utilise le *inverse perspective mapping* (v. [Bertozzi1]) pour régulariser le flot optique, en faisant référence au mécanisme de vision des mouches.

[Mandelbaum] a pour but de réaliser une implantation matérielle de l'algorithme publié ultérieurement par [Baten]. Il cherche une structure dominante (un plan incliné qu'il appelle horopter[2]) dans l'image pour l'éliminer et identifier le reste comme obstacles. Il affine les paramètres du plan au fil du temps pour décrire le terrain devant le véhicule. Il calcule, sur le « Vision Front End processors », une carte de disparité relative au plan de référence. Les valeurs de disparités obtenues sont moindres que celles qui seraient obtenues directement entre les deux images. La carte de disparité relative est utilisée pour la détection d'obstacles et pour estimer les variances de niveau du terrain en vue de choisir la vitesse.

Comme le plan incliné, structure dominante de l'image, doit d'abord être trouvé, sur une route non texturée et sans marquage l'approche paraît hasardeuse. Probablement elle fonctionne mieux en mode tout-terrain et avec un rayon d'analyse commensurable à la non-planéité du chemin.

[Mundhenk] décrit une compétition de robots pour suivre une ligne dans l'herbe, parmi des obstacles. Ce robot utilise deux caméras en alternance, commutant quand l'image n'est plus satisfaisante. Les problèmes de suivi viennent du fait que les

---

[2] Horopter est une notion de l'optique oculaire. Avec les yeux accommodés à l'infini, définissons une correspondance entre les points des deux rétines sur lesquels sont formées les images du même point à l'infini.

Un horopter est une surface dont les points ont leurs images formées sur les points correspondants des deux rétines. Ainsi un horopter différent correspond à chaque valeur de convergence des deux yeux. L'intersection d'un horopter avec le plan horizontal contenant les yeux est le cercle Vieth-Müller.

contours des obstacles, des ombres et ceux de l'herbe peuvent être plus attractifs que la ligne. Pour améliorer le suivi, on a incorporé des données pragmatiques dans l'algorithme, comme la largeur constante de la ligne et sa direction, qui ne change que lentement.

[Nasa1] décrit d'abord en généralités une procédure pour corriger la distorsion optique des images caméra, ensuite une méthode pyramidale pour calculer une carte de disparité de valeurs sub-pixel et une carte d'élévation pour robots autonomes (sur Mars).

[Nasa2] En balayant les images caméra par colonnes, on risque de ne pas détecter les obstacles en forme de pentes montantes. Pour réduire ce type de fausse détection négative, les auteurs calculent les pentes en 3D. Après segmentation ils utilisent un système à base de règles pour éliminer les obstacles trop petits ou pas assez hauts.

[Nasa3] Le système est utilisé pour planifier les missions d'un robot autonome sur Mars. Les rochers (obstacles) reconnaissables sur les images par leur couleur plus foncée, supportent une première segmentation par la couleur. Comme le passage de l'image stéréo à la carte d'élévation génère des discontinuités, la carte des obstacles doit être débarrassée des obstacles trop petits par une opération d'érosion / dilatation. La planification de trajet, trop lente, a été accélérée par une approche à deux résolutions (grande échelle / affinement).

[Novick] utilise une carte locale en échiquier autour du véhicule avec la probabilité d'occupation (obstacle) associée à chaque case. Il utilise des lidars et des outils de positionnement (odométrie, gyroscopes, GPS) comme capteurs. Les probabilités sont mises à jour en fonction des observations et en fonction des déplacements du robot d'une case dans une autre. Via une modélisation floue des incertitudes capteur, les probabilités d'occupation sont traitées comme une chaîne de Markov non-homogène et un ensemble flou des cases occupées est maintenue.

[Olson] Adaptation de travaux précédents (Don Krantz) en simulation pour un environnement de route. Le système utilise de l'odométrie (plus magnetomètre, *yaw rate sensor*, gyroscope) pour le positionnement, 16 sonars pour détecter les obstacles et un système de vision pour identifier la route. Il génère une carte locale avec les domaines à éviter et génère des buts locaux pour avancer. Le compte rendu des résultats parle des possibilités de blocage (parmi les domaines à éviter) et des problèmes d'*overflow* qui n'apparaissaient pas en fonctionnement de courte durée.

[ONVVC] reconsidère la notion de l'obstacle pour véhicules tout-terrains en présence d'objets compressibles (comme buissons peu fournis) avec le résultat qu'un obstacle ne peut pas être identifié d'après ses seules propriétés géométriques.

[Roh] utilise les points de fuite (des lignes verticales et horizontales) des images caméra pour orienter un robot dans quatre couloirs.

[Roy] utilise une grille cubique dont la première dimension correspond à la valeur de disparité considérée et les autres aux dimensions de l'image. Chaque nœud de la grille aura comme poids l'erreur (quadratique) de mise en correspondance. Les arcs dans les dimensions de l'image auront une capacité qui est la somme des poids à leurs deux extrémités (et à partir de là on peut oublier les poids). Les arcs dans la première dimension (changement de disparité) ont une capacité constante.

L'idée sous-tendant la construction est que la carte de disparité recherchée correspond à une coupe de capacité minimale qui intercepte un flot hypothétique au sens du changement de disparités (et correspond ainsi au problème de flot maximum). La capacité (uniforme) des arcs dans le même sens sert à régler l'effet de lissage sur la carte de disparité obtenue (pas de lissage avec capacité constante 0).

L'algorithme donne des résultats corrects, mais il est très lent et pour une image de taille n*n le temps d'exécution est $O(n^3)$. Ceci peut être amélioré, mais l'optimisation du code promet un travail difficile.

[Salgian] donne un exemple et des références aux prédécesseurs pour l'approche d'élimination de la surface de la route, comme [Carlson] et [Nishihara]. Il utilise le premier le terme « horopter », lui correctement, pour le cas de distance infini.

[Se] décrit un système stéréo à porter sur une canne d'aveugle. Une des difficultés est le recalcul nécessaire du plan du sol à chaque image. L'autre difficulté est d'identifier les objets à partir des contours mis en correspondance entre les deux images. A cette fin, il emploie un algorithme d'élimination récursive des meilleures correspondances, déterminées selon plusieurs critères comme la distance du milieu de l'objet aux deux caméras présumée identique.

[Singh] utilise un modèle de départ de route plane et de véhicule sans tangage pour l'améliorer. Il détaille les avantages relatifs des divers types de capteurs comme les limites des caméras en présence d'obstacles sans contour vertical. Finalement il emploie des lidars en reconnaissant leur sensibilité au tangage et en analysant l'équivalent de 10 lignes sur 256. Les problèmes de détection se présentent aux tournants de la route et aux obstacles sur le trajet utilisé pour calculer la non-planéité de la route.

Les désavantages de la méthode sont la nécessité de trouver une texture sur la route en vue d'en calculer le mouvement et le problème de remplissage entre les points de contour. À ces observations de l'article de [Steinkraus], l'auteur rajouterait que les obstacles qui ont leur propre mouvement par rapport à la route peuvent poser des problèmes supplémentaires de non-détection et de fausse détection.

[Steinkraus] – voir à [Lefaix]

[Sull] Encore une utilisation du flot optique avec une seule caméra. Le champ de flot, décrit par 8 paramètres (vitesse et deux rotations tridimensionnelles dont les valeurs initiales sont obtenues d'un système de navigation inertielle) est affiné utilisant les estimations de ses incertitudes. Le flot résiduel des obstacles est calculé en utilisant une décomposition en valeurs singulières. L'algorithme fonctionne sur une piste de décollage (les photos d'illustration montrant un atterrissage), ainsi la planéité de la route est assurée.

[Suppes] représente les obstacles comme somme des distributions de probabilités gaussiennes sur une carte. Ils ont droit à la reconnaissance à partir d'un seuil de probabilité. En vue de stabiliser les paramètres estimés il prend en compte les estimations précédentes et leur mouvement dans un filtre de Kálmán.

[Swedetrack] donne un résumé des méthodes de détection d'obstacles autres que la vision stéréo, détaillant en particulier les sources d'erreurs dans l'estimation des distances par lidars. Il touche les sujets de la vision mono et du flot optique.

[Taraglio] programme, sur une grille 3D de processeurs (dont il utilise des couches 2D sans connexion entre elles), pour calculer l'erreur quadratique de la mise en correspondance des pixels y compris une erreur de lissage (différence quadratique avec les voisins). Chaque couche exécute le calcul pour une disparité donnée et l'algorithme cherche les minima par aires. L'effet de lissage, au lieu d'être linéaire, donne des aires de disparité constante. Sur quelques points isolés (image Pentagon) les disparités trouvées sont aberrantes. Il cite le livre de Zhou et Chellapa comme son prédécesseur, qui utilise pourtant une approche assez différente (une réseau 3D de processeurs, correspondants aux paires pixels / disparités, avec rétroaction de chacun à chacun et dont l'état de stabilisation, s'il existe, correspond à la carte de disparité recherchée).

[Toro] décrit l'orientation (localisation sur une carte, couverture et détection d'obstacles) d'une tondeuse autonome. La détection d'obstacles (sur l'herbe verte) mobilise une caméra couleur, et exploite la teinte des couleurs vues.

[Toshiba] utilise des caméras stéréo et les librairies de reconnaissance SPIRIT pour détecter les bords de la route, la distance et la hauteur des obstacles. L'article, une page web, étant de nature plutôt publicitaire, les statistiques de détection n'y sont pas disponibles.

[Tsuji] utilise des caméras infrarouges pour détecter les piétons dans le noir. Il déduit une luminosité de seuil à partir de l'histogramme de l'image. Il calcule la disparité entre les centres de gravité des objets (zones claires) vus dans les deux images, pour ramener ces derniers à un modèle 3D, calculer leur TTC (*time to collision*) et avertir le cas échéant. Les images caméra sont très petites.

[Valentinotti] calcule des disparités avec une erreur inférieure au pixel, utilisant plusieurs lignes de l'image et une approche de différence de phase.

[Watanabe] décrit un système de détection d'obstacles pour robots mobiles qui, pour accélérer les calculs, ne s'intéresse qu'aux obstacles à des distances où le robot va prochainement se déplacer et ne fait la mise en correspondance des deux images qu'avec les disparités correspondantes.

[Williamson] utilise un système de 3 caméras dont deux sur la même horizontale, essentiellement pour réduire les incertitudes de la mise en correspondance. Il considère que s'il obtient une triple correspondance après correction épipolaire sur les trois images, alors il doit avoir une correspondance sûre. Le décalage vertical de la caméra centrale permet de détecter des surfaces verticales et sa position non-équidistante sert à éviter les fausses mises en correspondances sur les textures périodiques. Une partie importante de son travail porte sur l'accélération des calculs en assembleur, les opérations MMX sur un Pentium II lui permettant de gagner un facteur 4 sur la vitesse d'exécution.

[Yu] approxime la surface de la route en environnement urbain par un ellipsoïde aux axes parallèles à ceux de la voiture et estime les paramètres de celle-ci (offline) à partir de la carte de disparité par l'algorithme RANSAC. Il utilise un l'algorithme *watershed* pour la segmentation du reste, ce qui identifie les obstacles. (L'algorithme watershed consiste à inonder la carte des profondeurs et marquer les points où les flaques se rejoignent comme lignes de séparation.)

1.2.1. En résumé

Les différents auteurs ont des préoccupations divergentes. Rares, et les plus intéressants, sont ceux qui apportent du nouveau à plusieurs aspects du problème (prise des images, analyse des images en vue d'extraire les données servant à la prise de décision, la prise de décision elle-même, fusion des données des différents capteurs, vitesse du calcul), ce qui tendrait à montrer que le domaine n'est pas encore en état de maturité.

Pour les lister en première approximation :

Prise des images :[Jenkin] [Williamson]

Accélération du calcul des données pour la décision :[Jenkin] [Labayrade] [Lefaix] et [Steinkraus] [Mandelbaum] [Nasa1] [Roh] [Salgian] [Zhou]

Amélioration du calcul des données pour la décision :[Aguado] [Tsuji] [Yu]

Accélération de la décision :[Baram] [Mundhenk] [Nasa3] [Novick] [Watanabe] [Williamson]

Amélioration de la décision :[Nasa2] [ONVVC] [Se] [Valentinotti] [Williamson]

Modèle géométrique :[Bertozzi1] [Bertozzi2] [Mallot] [Labayrade] [Mandelbaum] [Sull] [Lefaix] et [Steinkraus] [Williamson]

Modèle prenant en compte une route non-plane :[Baten], [Labayrade] [Singh], avec chez [Se] le mérite additionnel de s'occuper sérieusement d'identifier le plan de surface environnant

Fusion de données de plusieurs capteurs :[Olson] [Suppes]

Vitesse de l'analyse globale :[Taraglio] [Watanabe] [Williamson]

Pour résumer les faiblesses inhérentes à ces quelques méthodes : le flot optique semble être moins précis que l'analyse des images stéréo, les cartes de disparité denses semblent lentes à calculer, bruitées et difficiles à segmenter, et les solutions à « horopter » souffrent des difficultés d'identification de la surface de référence (tout au moins le fait qu'elles sont utilisées surtout en tout-terrain et les images illustrant les articles le laissent penser). Apparemment la détection des marquages et bords de la route, métier en soi dont la fiabilité n'est pas à toute épreuve, n'a pas été reliée à l'identification de la surface de référence. Autre point à souligner : pour la prise en compte d'une route non-plane les méthodes semblent diverger entre routes carrossables et pauvres en détail , chemins tout-terrain moyennement riches en détail et surface sur herbe avec ligne de guide.

	Prise des images	Accél. calcul des données pour la décision	Amél. calcul des données pour la décision	Accél. de la décision	Amél. de la décision	Modèle géométrique	Route non-plane	Fusion, plusieurs capteurs	Vitesse globale
[Aguado]									
[Baram]				*					
[Baten]							*		
[Bertozzi 1]						*			
[Bertozzi 2]						*			
[Jenkin]	*	*							
[Labayrade]		*				*	*		
[Lefaix]		*				*			
[Mallot]						*			
[Mandelbaum]		*				*			
[Mundhenk]				*					
[Nasa1]		*							
[Nasa2]					*				
[Nasa3]				*					
[Novick]				*					
[Olson]								*	
[ONVVC]					*				
[Roh]		*							
[Salgiani]		*							
[Se]					*			*	
[Singh]								*	
[Steinkraus]		*				*			
[Sull]						*			
[Suppes]								*	
[Taraglio]									*
[Tsuji]			*						
[Valentinotti]					*				
[Watanabe]					*				*
[Williamson]	*			*	*	*			*
[Yu]			*						
[Zhou]		*							

Fig. 1.2 : Récapitulatif des domaines de contribution de quelques œuvres

Même la méthode astucieuse de [Labayrade] connaît quelques faiblesses. Restant basée sur la vision, elle a besoin de contours visibles pour identifier la route. Elle peut donc être trompée, par exemple en hauteur, par une barrière plus visible que la route. Elle ne connaît pas de notion de continuité de route, plusieurs voix à hauteurs différentes entraîneront plusieurs surfaces de route, comme dans la majorité des méthodes connues, cf. [Nasa3], [Mandelbaum] pour contrexemple. Enfin, la méthode de segmentation peut inclure plusieurs obstacles à la même distance dans la même *bounding box* et les confondre plus qu'une méthode de segmentation basée sur les contours par exemple.

1.3. Problèmes d'identification d'objets, de fusion des données et du suivi d'obstacles

Passer des points de contour sur les lignes horizontales des deux images caméra aux objets identifiés et suivis au fil du temps dans un modèle 3D est un exercice délicat que nous ne ferons ici que résumer très brièvement : en effet nous devons bien-poser un problème de vision défini, dans un système multicapteur précis.

Étant donné une ligne horizontale à la même hauteur dans chacune des images gauche et droite, on trouve des points de contraste et le premier problème est de les mettre en correspondance. Le problème vient du fait que, d'une part, un contour peut être caché par un objet dans une image et visible dans l'autre et, d'autre part, le bord d'un objet qui donne le contour peut être vu devant un arrière-plan différent qui a pour effet que dans l'une des deux images il n'y a pas de contour visible à cet endroit.

Dans les images déjà réduites aux points de contour, on peut travailler avec l'hypothèse que

dans les deux images l'ordre des points de contour qui peuvent être mis en correspondance est le même. Il peut arriver qu'un objet lointain soit perçu à droite d'un objet proche dans l'image droite et à gauche dans l'image gauche, mais en vertu de cette hypothèse on préfèrera ne pas établir de correspondance entre tous les points de contour, sacrifiant soit l'objet lointain, soit l'objet proche.

Pour attaquer la mise en correspondance il est utile d'avoir une mesure de possibilité de correspondance entre points de chacune des deux images. Ceci peut venir de l'observation de l'étendue verticale des contours ou de la comparaison du contenu d'une fenêtre autour de ces points dans l'image d'origine (c'est cette solution que nous adoptons). Une fois que l'on a le candidat le plus probable pour la correspondance en chaque point, de l'image gauche à l'image droite et de l'image droite à l'image gauche, on peut mettre en correspondance définitive les paires de points où la préférence est réciproque puis itérer avec les laissés pour compte. On peut aussi étendre les correspondances trouvées sur les lignes horizontales voisines qui peuvent les affirmer ou infirmer, ou essayer de prendre en compte les contours horizontaux pour délimiter des objets.

La mise en correspondance par préférence réciproque pouvant demander beaucoup de temps de calcul ($O(n^3)$ en approche directe, où n est le nombre de points à apparier), nous avons recours à (cf. algorithme ICC - **I**ll-fitted **C**ontour **C**limbing, décrit au 4.2.2), des disparités approximatives qui simplifient l'appariement jusqu'à une complexité linéaire par rapport au nombre de points à apparier.

L'étape suivante est le passage des contours appariés aux objets. Pour ceci on peut utiliser l'hypothèse que deux points de contour à la même distance et sans autre point de contour entre les deux appartiennent au même objet. La Fig.1.3 montre que les apparences peuvent se révéler trompeuses et les hypothèses, bien qu'utiles, peuvent être mises en doute.

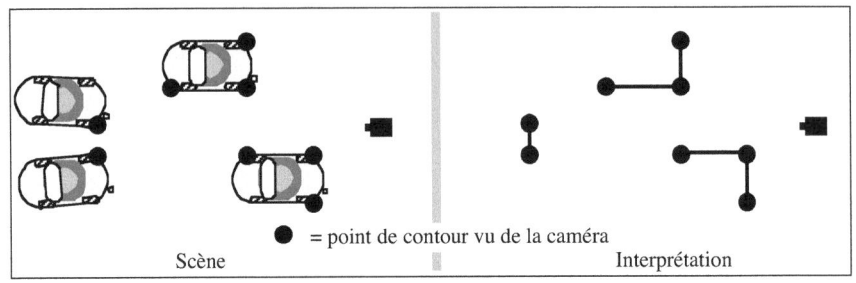

Fig. 1.3 :
Gauche : Scène avec les points de contour vus par la caméra.

Droite : Interprétation de la même scène suivant l'hypothèse que deux points de contour à la même distance et sans autre point de contour entre les deux appartiennent au même objet. Dans l'interprétation deux objets passent inaperçus alors qu'un troisième objet, « fantôme », apparaît

Une autre hypothèse utilisable pour le passage des contours appariés aux objets est que si deux points de contours voisins appartiennent au même objet alors le point au milieu des deux est à une distance qui est la moyenne approximative des distances des deux points. Ceci peut être utile pour éliminer de fausses mises en correspondances, mais, en absence de contours, les distances de milieu sont difficiles à obtenir (comme pour la Fig. 1.3) et l'emploi de plusieurs hypothèses peut mener à une valse de confirmations et infirmations, sans garantir de résultat pour tous les cas. Remarquons à titre d'exemple réel que lors d'un dépassement il y a toujours un moment où les deux voitures sont à la même distance.

La présence de plusieurs capteurs peut faciliter l'identification des objets. Leurs points forts se complémentent et la défaillance momentanée d'un d'entre eux (comme le cône de détection du lidar touchant le sol trop près à cause d'un début de pente) peut être rattrapée par les autres. Dans les cas courants, les images du même objet par les différents capteurs peuvent être mises en correspondance par leur position (souvent représentée comme une distribution de probabilités dans l'espace). Dans le cas de positionnements discordants avec plusieurs objets proches, la situation peut devenir ambiguë, le temps de calcul plus important et les mauvaises décisions plus fréquentes. Dans le cas de l'algorithme ICC (que nous proposerons à 4.2.2) où seuls les contours verticaux d'un objet sont identifiés (à condition d'être vus), il y a plusieurs « objets vision » à mettre en correspondance avec une « image radar » qui, elle-même, en cas extrême, peut correspondre à plusieurs objets réels. Le cas le plus facile est représenté Fig. 1.4.

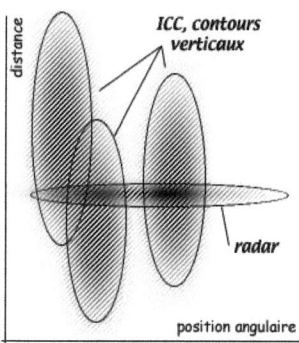

Fig. 1.4 : Perception différente d'un obstacle (voiture proche) par l'algorithme ICC en vision stéréo et par radar, exprimée en distributions de probabilités - dessin

Comme pour compliquer la vie à ceux qui veulent fusionner des données, les capteurs ne prennent pas leurs mesures au même moment ni à la même fréquence (une exception notable étant la paire de caméras synchronisées de la vision stéréo). Les latences de la transmission peuvent différer aussi, bien qu'en général les données arrivant avec retard perdent de leur utilité. L'estampillage des données avec le temps de prise de l'observation est un problème en soi qui a justifié le développement d'un logiciel d'enregistrement / rejeu synchronisé de données [MAPS].

En général, en matière de mise en correspondance, rien ne vaut une hypothèse de départ qui a des chances d'être correcte. Ceci vaut aussi bien pour la mise en correspondance des points de contour sur les horizontales que pour la mise en correspondance des distributions de probabilités pour former des objets. Pour bien sortir de l'étape d'identification des objets, une solution (mais non pas la plus simple) est donc de suivre dans le temps les objets identifiés selon un modèle 3D.

En réalité, de tels programmes demandent une valeur de confiance (cf. ICC,3.3) et/ou la gestion d'hypothèses complémentaires, par exemple chacune relative à un ensemble d'objets pouvant résulter des observations capteur (cf. Fig. 4.32). La technique de fusion que nous devons alimenter par les résultats de vision est choisie indépendamment pour d'autres contraintes. Elle s'apparente effectivement à la gestion d'hypothèses, type [Blackman] ou [Bar-Shalom].

Dans la séquence 1 utilisée pour la plupart des essais, et dont une planche de contact est fournie en Annexe 8.1, la voiture arrivant d'en face dans les images 65-70 ne peut pratiquement pas être suivie et identifiée comme un seul objet par la seule vision, étant donné la faible fréquence d'images. Elle deviendrait plus facilement identifiable en couplant les mesures de vitesse du radar avec nos propres résultats au sein d'un schéma Bayesien où la confiance fournie alimente les probabilités a priori. Un objet de voiture correspondant aux images serait alors presque certainement créé en gérant des hypothèses.

1.4. Présentation du problème

En conclusion, voilà le problème qui nous a préoccupé (et dont les contraintes ont été fournies par le projet CE ITS Carsense).

Sont considérés comme obstacles les objets

- au-dessus de la surface de la route qui n'est pas supposée plane
- qui ont des contours verticaux visibles

Nous voulons:

- Identifier la présence, en termes de distance et de position horizontale, des obstacles, sans suivi desdits obstacles, lequel suivi incombe à la fusion des données

- Détecter sur la partie visible d'une route, i.e. sur surfaces diverses mais avec des marquages, une texture ou un bord à contours notables.

- Mettre l'accent plus sur la détection de la position angulaire des obstacles que sur leur distance (qui est plus précisément obtenue d'autres capteurs comme radar et lidar).

- Minimiser le temps de calcul maximal (nécessaire dans le pire des cas), en tout cas inférieur à 0,1 secondes (critère [Carsense])

- Exhiber une valeur de confiance attachée à chaque détection à l'intention d'un programme de fusion de données (de différents capteurs) ultérieure, à qui on pourra également déléguer les tâches auxiliaires comme le suivi des objets dans le temps

La voiture est équipée de deux caméras synchronisées à 256 niveaux de gris, de sensibilité linéaire ou non et n'a pas de gyroscope.

Pour reprendre les critères du tableau 1.2.1 nous souhaitons apporter des contributions dans les secteurs suivants : Accélération du calcul des données pour la décision, Amélioration du calcul des données pour la décision, Accélération de la décision, Amélioration de la décision, Modèle géométrique, et Vitesse de l'analyse globale, tout en donnant quelques idées pour les modèles prenant en compte une route non-plane.

De plus, bien que non répertoriée en 1.2., la détection du bord de la route et des marquages au sol est aussi une question intéressante. Comme effet de bord de la méthode que nous prônons pour identifier la surface de la route, il semble possible d'apporter une réponse à cette question également. Nous discutons des possibilités de la méthode en 6.1.3 .

Remarque : il aurait été intéressant d'intégrer au problème l'utilisation des distances captées par les radars sur la voiture. Comme exemple élémentaire de fusion, on aurait pu détecter les objets qui se superposent dans les deux images superposées avec la disparité correspondante, mais ce n'était pas possible avec les radars présents (qui, utilisant une forme d'ondes spécifique, détectent la vitesse relative des objets vus avant de calculer leur distance).

Pour avoir des comparaisons valables avec les méthodes existantes, il semblait nécessaire d'essayer les plus représentatives sur le problème donné. Les cartes de disparité denses apparaissent le candidat le plus évident. En analysant leurs faiblesses nous avons été conduits à essayer des méthodes de type horopter et découvrir la problématique de l'alignement des deux images pour éliminer les points sur la surface route et abréger les intervalles de disparités à tester. La recherche des paires de points à mettre en correspondance entre les deux images s'est avérée un problème à part entière qui explique pourquoi l'élimination de la surface de la route des images n'a pas plus d'adeptes. La conséquence de ces tests est notre idée d'identifier les ensembles de points de contraste selon un arc de cercle sur la route.

2. Visite guidée des méthodes essayées

Nous avons choisi d'échantillonner deux grandes familles de méthode : l'utilisation de cartes de disparités et la mise en correspondance des deux images de façon à éliminer la surface de la route en analysant les lignes de contours verticales qui y restent.

Les cartes de disparité étaient le point de départ pour l'exploration. D'une part, elles jouissent d'une réputation de méthode établie, d'autre part la surface de la route correspond à une carte de disparité théorique offrant un beau dégradé à l'endroit de ladite surface, sur lequel les obstacles seraient bien identifiables.

Au cours de l'expérimentation il s'est avéré qu'une carte de disparité est lente à calculer, donne une image incomplète ou bruitée et que les obstacles n'y sont pas faciles à identifier. L'amélioration de la méthode conduit à la deuxième méthode qui a pour but d'éliminer de l'image la surface de la route avant de s'occuper du reste.

Nous proposons ici au lecteur néophyte (s'il y en a) une devinette, en la Fig. 2.1.

Fig. 2.1 : Un petit test: les images 26 (les mêmes qu'en Fig. 1.1), gauche (bandelettes fines) et droite (bandelettes larges) sont superposées avec un masque. La disparité à grande distance est faible (a), en se rapprochant elle augmente au feu tricolore (b), elle augmente encore à la voiture de droite (c), et hop ! au passage clouté elle redevient toute petite (d). Ou bien ... ?

2.1. Cartes de disparité

2.1.1. Préliminaires

Une **carte de disparité** représente, en niveaux de gris, la distance entre un point physique et le centre optique de la caméra, ramenée dans le plan image.

Cette définition apparemment simple appelle quelques précisions :

- La « représentation » de la distance se traduit par un niveau de gris qui est en réalité proportionnel à l'inverse de la distance, c'est-à-dire proportionnel au décalage entre les images du même objet prises par les caméras gauche et droite. On suppose un décalage 0 pour les objets à l'infini.

Ce décalage s'appelle la **disparité**, d'où le nom d'une telle représentation.

La « **couleur** » d'un pixel dans l'image est la traduction (linéaire) de la disparité en niveaux de gris (de 0 à 255).

- Elle suppose une limite supérieure aux disparités que peut représenter la carte. Celle-ci peut donc représenter des objets jusqu'à une certaine proximité. Les points à l'infini sont soit blancs, soit noirs (moyennant l'inversion de l'échelle de gris), suivant le goût des auteurs. Nous adoptons les couleurs claires pour des disparités petites, donc des objets distants.

D'autres remarques d'ordre pratique :

- Comme les cartes de disparité se calculent à partir de deux images caméra (sauf en cas d'images de synthèse, dont on fait abstraction dans la suite), ces deux images doivent être alignées de sorte à bien déterminer la direction de disparité en général horizontale, suivant laquelle on cherche le point correspondant dans l'autre image. Pour cela on a deux solutions possibles. La première (appelée calibration mécanique des caméras) consiste à aligner les capteurs des caméras dans le même plan, à la même hauteur et horizontalement, espérant que la distorsion des optiques est négligeable. La deuxième consiste à mettre en branle les techniques de géométrie épipolaire [Faugeras] pour calculer, à partir d'images échantillons, la correction à appliquer aux images (calibration) et ensuite à l'appliquer sur les images captées par les caméras (rectification). Dans ce deuxième cas, d'autres corrections peuvent devenir nécessaires pour compenser les distorsions des optiques des caméras ([Nasa1] par exemple).

- Suivant l'image de départ (en cas de deux caméras) la carte de disparité peut être construite sur les points de l'une ou l'autre image. La rectification épipolaire permet aussi de construire une carte de disparité sur une image artificielle qui correspond à une caméra imaginaire sur le segment entre les deux caméras réelles, en général au point du milieu.

- Les cas d'occlusion (un objet en cachant un autre) empêchent la correspondance bijective entre les points des deux images. C'est encore le cas pour une réflexion vue différemment par les deux caméras.

- Pour rechercher le point correspondant dans l'autre image (à l'exception des systèmes à miroirs mouvants), on définit un intervalle des disparités dont la largeur matérialise une prédiction de disparité maximale.

On inclut le point dans une fenêtre rectangulaire, de taille adaptée, et on la corrèle avec une fenêtre homologue dans l'autre image, la deuxième décalée de la valeur essayée de disparité. On retient la disparité qui minimise la somme des erreurs (le plus souvent le carré d'une différence entre les « couleurs » des pixels) sur les points correspondants des fenêtres avec et sans décalage.

Une grande fenêtre rattrape mieux les situations à correspondance faible et douteuses.

Une petite fenêtre évite mieux les situations avec deux contours à distances différentes dans les deux fenêtres qui permettent plusieurs disparités conduisant à la même somme des erreurs, situations qui ne donnent pas de résultat unique.

- Comme les autres méthodes de vision, le calcul de la carte de disparité n'a pas de résultat unique sur un grand à-plat.
- Faute de résultat unique, la valeur de disparité retenue dépend du programme. Le plus souvent elle reprend celle du point à droite (ou à gauche) dans l'image.
- Si un objet en cache un autre partiellement en présentant un contour net, la distance exprimée par la carte de disparité à cet endroit sera celle du plus proche des objets, et si celui-ci est une colonne ronde avec son contour vu à distances différentes par les deux caméras, la situation se complique.

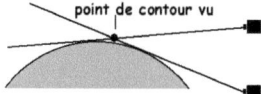

- Une différence infime entre les valeurs de diaphragme des deux caméras peut introduire des erreurs grossières dans les disparités sur les dégradés de gris dans les images.
- La taille de la carte de disparité, faute de points à comparer pour toutes les disparités à considérer, est réduite en pratique d'une largeur correspondant à la disparité la plus grande.

Fig. 2.2 : Deux images de la même scène prises avec des caméras monochromes à sensibilité linéaire, avec des valeurs de diaphragme différentes. Dans les deux images des détails différents sont perdus

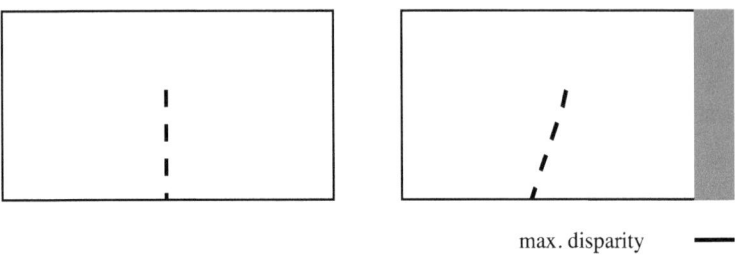

Fig. 2.3 Perte de surface en calculant une carte de disparité. Les disparités examinées dans une paire d'images comme en Fig. 2.2 vont typiquement jusqu'à 30 pixels mais sur les parties proches de l'image peuvent dépasser les 100 pixels.

Le calcul des cartes de disparités denses a été testé rapidement avec plusieurs algorithmes, dont celui de [Roy]. Il est, de loin, le plus lent. Il donne pourtant de beaux dégradés (qui, sur les à-plats, n'ont rien à voir avec les distances réelles).

Il existe une autre raison d'être peu satisfait des cartes de disparité denses (c'est-à-dire calculées pour tous les pixels). Revenons pour l'expliquer sur la solution de la devinette. Sur la Fig. 2.1 il n'y a pas de passage clouté mise en correspondance avec un aussi petit décalage. La disparité sur le bas du passage clouté est de 68 pixels, à peu près le décalage entre deux pavés blancs. Remarquons qu'à droite ainsi qu'à gauche il y a des pavés non mis en correspondance, ainsi que les deux images du même marquage au sol, visant deux pavés voisins. En d'autres termes, il y a de fausses mises en correspondances sans réelle possibilité de rattrapage à ce niveau.

Fig. 2.4

Gauche : Calcul de disparité directe. La flèche indique la disparité maximum. *a* : sur les à-plats on n'obtient pas d'information de disparité (aires rayées) *b* : Sur le passage clouté (structure périodique) l'impression d'objet lointain vient de la mise en correspondance erronée qui donne des valeurs incorrectes de disparité. *c* : la valeur maximale de disparité est dépassée.

Droite : Deux images plus tard dans la séquence la fausse mise en correspondance gagne le passage clouté. Les images gauche et droite de la séquence d'origine sont visibles à la Fig. 4.9

2.1.2. Théorie à vérifier

Le premier but était de tester la vitesse de calcul et l'utilité (c'est-à-dire exploitabilité par segmentation) des cartes de disparité.

Comme il s'est avéré que le calcul direct est trop lent (en particulier la méthode de [Roy] prenait plus d'une minute pour une carte de 256 * 256 pixels et des disparités allant jusqu'à 30 pixels), deux approches d'accélération étaient considérées, à savoir la réutilisation du contenu de la fenêtre de l'analyse et une approche pyramidale. La première fut plus rapide mais toujours insatisfaisante, probablement parce que les fenêtres donnant les meilleurs résultats étaient assez petites, donc les gains étaient en partie compensés par les temps de calcul des indices supplémentaires. La deuxième fut mise en doute parce qu'il fallait soit re-tester de larges gammes de disparités aux phases d'expansion, soit s'attendre aux pertes de détail, malvenues dans une application de détection d'obstacles.

Le calcul direct accéléré par le recyclage du contenu de la fenêtre prend plus d'une seconde par image de 380*289 (comme ci-dessus) si on considère jusqu'à 30 pixels dans les valeurs de disparités. Ce temps peut être réduit jusqu'à 0.03 secondes en utilisant un calcul pyramidal à deux expansions, au prix d'une perte de détail importante.

Le problème de cette méthode est de trouver un équilibre entre les deux extrêmes qui sont :

regarder juste les valeurs voisines de disparités après expansion de l'image, donc pour la valeur de disparité disp avant expansion on teste les valeurs 2*disp-1, 2*disp et 2*disp+1. Ceci donne la vitesse ci-dessus et perd des détails. Des détails invisibles avant n'importe quelle étape d'expansion, comme ▬ ▦ , ne seront pas alignés avant l'expansion et la bonne valeur de leur disparité ne sera pas trouvée si elle ne tombe pas par chance sur une des valeurs 2*disp-1, 2*disp et 2*disp+1 .

recalculer l'erreur pour toutes les disparités. Ceci donne une carte de disparité exacte et gagne moins que rien en vitesse, au sens où en fin de compte on fait les calculs pour tous les points et toutes les disparités possibles en plus des calculs sur les cartes réduites.

En bas des images de la séquence, la gamme de disparités était de l'ordre de 160 pixels et vérifier toute cette gamme aurait ralenti les calculs davantage (en plus de perdre une partie importante de l'image).

Enfin, sur les structures périodiques comme les passages cloutés, ces méthodes produisent de fausses mises en correspondance.

Nous avons alors essayé de réaliser la prédiction de la carte de disparité suivante à partir de la dernière carte et des données de mouvement. Ce calcul était suivi par un **affinage** en utilisant la prédiction, c'est-à-dire les disparités étaient recalculées à chaque pixel, en considérant juste un petit intervalle de disparités autour de celui du même pixel dans la prédiction.

Le premier algorithme,

la **prédiction linéaire**, utilise la carte précédente expansée uniformément à partir
d'un point de fuite comme prédiction.

Cette méthode a démontré quelques avantages, entre autres elle a éliminé les fausses mises en correspondance, mais le modèle géométrique sous-jacent était insuffisant et l'estimation des paramètres nécessaires peu aisée.

Le deuxième algorithme,

la **prédiction non-linéaire**, emploie un modèle géométrique plus sophistiqué. À partir de la « couleur » de la carte de disparité précédente à un pixel donné, il recalcule une distance (approximative) qu'il diminue de la même quantité pour chaque pixel, en fonction de la vitesse de la voiture par rapport à la fréquence de la prise d'images. De la comparaison entre la nouvelle distance par rapport à l'ancienne il calcule la nouvelle position du pixel, et à partir de la nouvelle distance il met à jour son niveau de gris. Dans la prévision de la nouvelle carte, le pixel sera affiché au nouvel endroit avec sa nouvelle couleur.

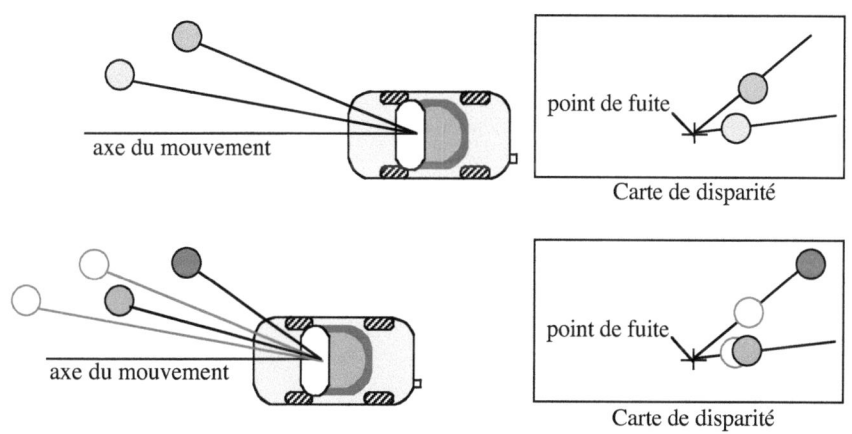

Fig. 2.5 Modèle géométrique du deuxième algorithme de prédiction

En employant les méthodes prédictives, le problème des fausses mises en correspondance fut résolu. En plus, sauf à vouloir affiner les très grandes valeurs de disparité, l'algorithme ne nécessitait plus de limite supérieure en disparité et ne réduisait pas davantage la taille de la carte.

En contrepartie, plusieurs inconvénients dont la non-prise en compte du mouvement propre des objets et les difficultés de gestion des valeurs indéterminées (voir à 4.1) nous ont conduit à abandonner les méthodes d'expansion et construire la méthode d'élimination par mise en correspondance qui suit.

2.2. Ill-fitted contour climbing (ICC)

2.2.1. Préliminaires

Dans les images à analyser, on définit une distorsion géométrique de l'image pour superposer les points correspondants qui sont du plan route. Ceci procure deux avantages :

- Il devient plus facile d'éliminer les points au plan de la route, sans intérêt pour la détection d'obstacles si les obstacles sont définis comme les objets hors du plan de la route.

- Pour les autres points, le calcul de disparité se simplifie : comme la distorsion des images a déjà engendré une disparité qui correspond à celle dans le plan de la route, il ne reste plus qu'à chercher la disparité additionnelle. En conséquence, l'intervalle des disparités à considérer est réduit et le calcul de la disparité totale s'en trouve accéléré.

L'image dans laquelle l'algorithme identifiera les obstacles est l'intersection d'une image avec une autre après distorsion. Par exemple dans le cas d'une surface de route plane deux coins opposés de l'image sont tronqués, en laissant un hexagone aux cotés opposés parallèles et une diagonale horizontale (voir Fig. 2.9).

La principale difficulté de la méthode réside dans l'identification satisfaisante de cette surface, faute de quoi on risque des fausses détections sur la surface de la route et des erreurs de non-détection dans la surface prise pour elle. Le problème semble être plus aigu que pour les méthodes basées sur le flot optique ([Lefaix] et [Steinkraus] utilisent une seule caméra et supposent la surface plane et horizontale). De nombreux auteurs ont comme préoccupation principale la bonne approximation de cette surface : [Baten] l'approxime par une bande clothoïdale, [Jenkin] fait une approximation en décalibrant ses caméras, [Labayrade] calcule un profil soit convexe, soit concave, [Yu] fait des calculs (offline) pour approximer la surface par un ellipsoïde. Pour approximer, les auteurs s'appuient plus ou moins lourdement sur la présence de textures telles que marquages, bords ou pavés de la route, ou encore chemins non carrossables.

Pour améliorer la performance des systèmes cités, il apparaît donc désirable de :

- augmenter la précision de l'identification de la surface « route », ceci avec le même algorithme
  - en cas de routes pauvres en texture
  - en cas d'application tout-terrain, par une méthode plus sûre dans la mise en correspondance des deux images de route, trop riches en texture (comme l'herbe)
- augmenter par exemple la tolérance de la détection d'obstacles, en particulier vis-à-vis de fausses détections dans la vraie surface de la route, plus fréquentes. Par exemple on introduira une mesure de certitude quant à la présence des obstacles, mesure utile à la fusion de données qui suit dans le traitement.

2.2.2. Conjecture à vérifier

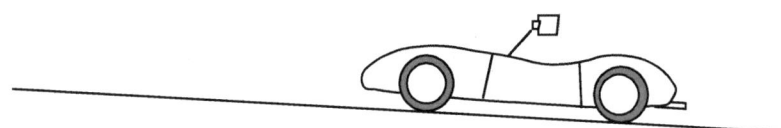

Fig. 2.6 : Cas de voiture sur route plane. Les caméras sont positionnées entre les deux axes

En rappel du *pinhole camera model*, voilà le schéma de correspondance entre la surface de la route et l'image caméra dans le cas le plus simple, à savoir sur route plane. Les capteurs des deux caméras sont dans le même plan, perpendiculaire à la route et à la coupe sagittale de la voiture.

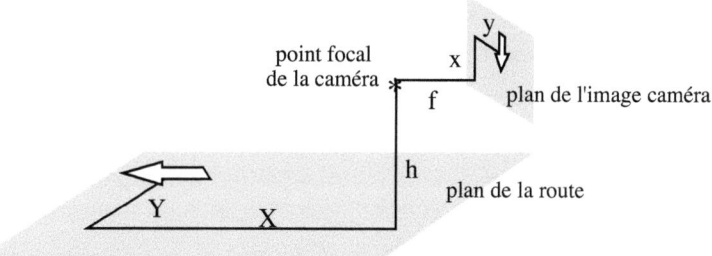

Fig. 2.7 : Rétroprojection sur la route. h : distance de la caméra (son point focal) à la route ; f = distance focale de la caméra ; X, Y : coordonnées sur la route; x, y : coordonnées sur l'image caméra (toutes ces distances sont positives !)

La formation de l'image caméra est classiquement régie par les rapports suivants :

$$X/h = x/f$$

$$Y^2/(X^2 + h^2) = y^2/(x^2 + f^2) \qquad (1)$$

Utilisant la première équation, la deuxième peut être réécrite en

$$Y/X = y/x$$

Ces formules signifient que

- La hauteur x de l'image caméra d'un point route par rapport à la hauteur de l'horizon est inversement proportionnelle à la distance X du point route au point focal de la caméra
- La position en largeur d'un point par rapport à l'axe de la caméra, Y, est réduite sur l'image proportionnellement à la compression de la distance du même point, y.

2.2.2.1. Route plane, deux caméras

L'image de la projection de l'axe optique de la caméra sur la route plane est une droite verticale sur l'image.

Prenons une autre ligne droite sur la route, parallèle à la première (voir Fig. 2.8). Son image doit être aussi un segment droit et aura un point d'intersection avec l'image de la première, à la hauteur correspondant à la distance infinie sur ces deux droites dans l'image (appelée ici « hauteur de l'horizon »). En restant dans le plan de la route, un décalage d'une unité en largeur se traduit donc dans l'image par un décalage horizontal proportionnel à la distance en hauteur de l'horizon.

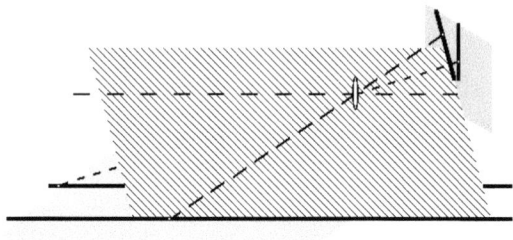

Fig. 2.8 :Image caméra de deux parallèles à l'axe optique sur la route

La planéité de la route implique que tous ses points dont les projections focales sont sur la même horizontale de l'image caméra, sont à la même distance. En conséquence, si l'on déplace une caméra horizontalement, en gardant le même plan d'image, alors la distorsion que subit l'image par rapport à l'image première est une inclinaison du type « mise en italique » (***skew***).

Ceci signifie qu'en cas de route plane, apparier deux points à hauteur différente dans les deux images suffit pour trouver tous les paramètres nécessaires à la mise en correspondance. La mise en correspondance est très simple dans le cas des caméras calibrées mécaniquement (cf. conclusion de 1.2): pour deux positions verticales, on a deux décalages horizontaux et la recherche des paramètres consiste à décrire les décalages en fonction de la hauteur selon une fonction linéaire. L'équation

$$\text{décalage (hauteur)} = 0 \qquad (2)$$

a pour solution la hauteur de l'horizon dans l'image.

Si la route est non-plane, plus de points sont théoriquement nécessaires pour approximer son profil.

On peut ici encore comparer à l'intéressante méthode de [Labayrade]. Dans sa première version le programme a cherché une surface de route plane, c'est-à-dire il a mobilisé une transformée de Hough pour exhiber une ligne droite dans la projection sagittale. Dans sa version présente, le programme trouve plusieurs maxima dans l'accumulateur de Hough et peut analyser un contour vertical de route qui est soit concave soit convexe, mais ne peut être en S.

Lors d'une discussion nous lui avons proposé une méthode pour chercher une courbe d'intensité maximale dans l'accumulateur de Hough et d'en revenir sur un contour arbitraire. Pour ce faire on prend une suite ordonnée (a_1, a_2, a_3,...a_n) de points proches sur la courbe d'intensité maximale. À ces points correspondent les droites (d_1,d_2,d_3...d_n) dans la projection sagittale. Le contour vertical recherché sera approximé par la droite d_1 jusqu'à son intersection avec d_2, et de proche en proche par la droite d_i jusqu'à son intersection avec d_{i+1}. La proposition n'a pas été implantée à ce jour, probablement à cause de la rareté des routes à contour vertical aussi tortueux, mais peut-être aussi pour des raisons de temps de calcul, temps que l'on peut estimer bien supérieur à celui d'exécution d'une méthode dérivée de la nôtre.

La superposition des surfaces route respectives dans les images gauche et droite implique une distorsion qui résulte à son tour en une perte de surface dans l'image distordue (les pixels sans correspondant), soit :

triangles de non-alignement : les parties triangulaires dans les deux coins opposés sans correspondance entre les images après inclinaison d'une d'entre elles, remplacent la bande perdu dans les cartes de disparité par comparaison directe (voir Fig. 2.9).

2.2.2.2. Identification de points sur la route

Reste donc le problème d'identifier un nombre suffisant de points à la surface de la route. Cette question n'a pas été considérée explicitement dans la littérature, sinon par [Mundhenk] dans un problème où un marquage continu est garanti. La difficulté est pourtant sous-jacente pour la détection des marquages et des bords de route.

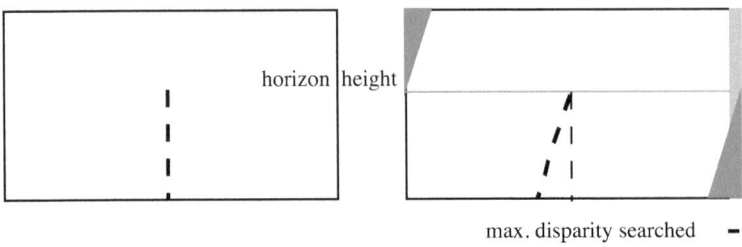

Fig. 2.9 : Perte de surface en calculant une carte par élimination sur route plane. La disparité maximale (examinée par rapport à celle sur la surface de la route) est de 5 à 10 pixels. La pente des cotés des triangles de non-alignement dépend de la distance des caméras, dans a Fig. 4.10 le triangle du bas s'étend jusqu'à 70 pixels horizontalement.

Pour détecter les marquages (et bords de route), en général on commence par identifier des points de contour dans la partie de l'image sous l'horizon. Ensuite on peut chercher des segments d'une longueur minimum et la direction où le nombre maximal d'entre eux pointent. Une autre solution estime des paramètres de position et de courbure par des procédés statistiques. Il est aussi possible de détecter les bords de la route avec le lidar plutôt que la vision. Comme certaines de ces solutions sont commercialisées, il est difficile d'avoir des détails sur leur fonctionnement. Toujours reste-t-il le problème de distinguer les points de contraste provenant de la surface de la route de ceux provenant des obstacles : sur les séquences de démo des systèmes évoqués, les obstacles sont en général rares et lointains. Il n'est pas rare de voir des systèmes de détection de marquage perdre le fil en présence d'obstacles, de débuts de virages et entrées de ronds-points.

En conclusion, il apparaît qu'il manque un critère pour différencier les points de contraste sur la route de ceux des obstacles et du paysage hors la route, que ce soit pour détection de marquage autant que pour alignement d'images en stéréoscopie.

Nous nous concentrons donc d'abord sur une méthode améliorée de détection de marquage à seule fin de mieux trouver les points de surface de la route. Plutôt que détecter des segments en vue de reconstituer des arcs, dans un premier temps on va identifier des arcs de cercle auxquels la position de la voiture est tangentielle et qui contiennent un nombre maximal de points de contraste. S'il y a des marquages et des bords de route visibles et si la voiture est orientée parallèle à ces lignes, elles seront trouvées. Pour une voiture changeant de file, une légère modification algorithmique permettra de prendre le biais en compte.

S'il n'y a ni marquage, ni bord de route visible, on peut encore détecter une multitude de points de contraste. Parmi ceux-ci, on devrait encore trouver des arcs de cercle optimaux, puis utiliser les points sur ces arcs pour une mise en correspondance. La seule condition pour ce faire est que les mêmes points de contraste soient visibles dans les deux images. Enfin, s'il n'y a pas de contraste sur la route, alors la vision n'y détectera rien.

Si on argue du fait que la surface de la route est mieux structurée que ses alentours, on détectera un arc sur les barrières, bords de terre-pleins et de trottoirs, sauf qu'en général la surface découverte est parallèle à celle de la route mais plus haute. Ceci peut entraîner de fausses détections dans le plan de la route, avec une hauteur résultante négative. Si l'on rejette les obstacles de hauteur négative d'emblée, alors le seul risque reste la non-détection, et de courtes durée, d'obstacles à même hauteur que le bord de route.

2.2.2.3. Mouvements de la voiture

Pourquoi une telle préoccupation quant aux paramètres de la mise en correspondance des deux images? Ne suffit-il pas de les aligner une fois pour de bon ?

Hélas, non et pour deux raisons :

- Les routes ne sont pas planes.
- Les voitures ont leurs mouvements propres en plus de celui d'avancer. Notons d'ailleurs que ceux-ci sont causés principalement par la non-planéité de la route (voir Fig. 2.9) et leurs effets sont plus importants que la non-planéité des routes en elle-même.

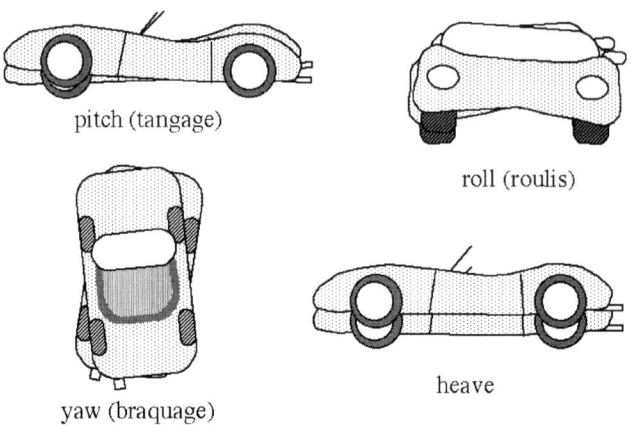

Fig. 2.10 : Les quatre mouvements du corps de la voiture)

Ces mouvements, à l'exception du braquage, modifient les paramètres de mise en correspondance (voir les Fig. 2.11 et 2.12) en permanence. Le plus gênant est le tangage qui modifie les deux paramètres à la fois. Le mouvement de roulis est moindre avec les suspensions pourvues de stabilisateurs à barres de torsion, mais son effet est néanmoins intéressant, en ce qu'il contredit l'hypothèse des deux caméras à même hauteur et horizontales.

Fig. 2.11 : Effet de pitch (tangage) dans la séquence à 2 images d'intervalle (images 44 et 46 superposées utilisant un masque pied de poule généré par BackgroundWarper). Le changement de hauteur du contour du ciel est de 8 pixels, assez uniforme à travers l'image.

Fig. 2.12 : Effet de roulis dans la séquence à 2 images d'intervalle (images 60 et 62 superposées utilisant une masque pied de poule). Le changement de hauteur du contour du ciel est de 5 pixels sur le côté gauche, 0 à 1/3 de droite et env. –3 pixels sur le côté droit, donc env. 8-9 pixels sur la largeur de l'image.

Dans la suite, nous verrons comment éliminer l'effet du tangage en même temps que réduire le nombre de points nécessaires pour la mise en correspondance des images en cas de route plane. Dans ce cas, le plus important car il autorise les vitesses les plus élevées, le temps de calcul, déjà satisfaisant, peut être largement réduit.

On examinera cependant l'éventualité de filtrer les effets des mouvements de la voiture sur les paramètres.

3. Vérification (expérimentale ou non) d'hypothèses

3.1. Séquences utilisées

Pour commencer l'expérimentation nous nous contentons d'un corpus de données assez restreint mais intéressant. L'absence d'informations réelles sur la valeur exacte des paramètres n'est en effet guère gênante pour une vérification qualitative de la méthode et du comportement des algorithmes.

La séquence utilisée pour la plupart des exemples ci-dessous est en format « demi », perte de rectification incluse, 380*289 pixels et les images ont été assez bien rectifiées. Compte tenu de leur origine, elles ont été prises probablement d'une Renault Clio avec une base de 110 centimètres et les autres caractéristiques - hauteur des caméras, fréquence des images (proche des 8 images / sec) ainsi que caractéristiques optiques - de la séquence sont inconnues.

La séquence des images droites (dont une « planche de contact » est visible en Annexe 8.1) ainsi que quelques autres séquences, résultats des expérimentations, sont accessibles en format Quicktime à

http://www-rocq.inria.fr/imara/stereoVision/index.html .

Cette séquence a plus d'un mérite comme test de détection. Elle comporte deux voitures allant dans le même sens à vitesses différentes et en occlusion intermittente. Il y a deux virages et un début de descente avec changement de pente, ce dernier enregistré d'une voiture sortant du deuxième virage, en état de roulis (mouvement dont on ne connaît pas la prise en compte ailleurs que chez [Yu]). Il y a des marquages de file en parallèle et en angle de changement de file, puis divers autres marquages au sol dont un passage clouté, particulièrement propice aux fausses mises es correspondances.

Pour réaliser des séquences de capteurs différents avec estampilles temporelles, dans le cadre de Carsense, les collaborateurs du Livic ont utilisé le logiciel RT-Maps de l'École des Mines. La présence de plusieurs capteurs sur un bus additionnel a occasionné des problèmes supplémentaires : elle a résulté en quelques séquences vidéo, soit prises avec des valeurs de diaphragme différentes d'environ deux crans (estimation de l'auteur, voir la Fig. 2.2) avec des caméras à sensibilité linéaire, soit désalignées verticalement d'environ 110 pixels sur images entières, la route n'étant visible que d'un seul coté, donc séquences inutilisables pour la vision stéréo.

Pour une étude plus quantitative on dispose de la séquence visible à la Fig. 4.3. Elle vient de l'INRIA et n'est pas rectifiée autrement que par la calibration mécanique des caméras. Elle a été prise d'une Twingo à 12,5 Hz, avec une base de 110 cm. La hauteur des caméras à voiture vide est de 122 cm. Les caméras sont de sensibilité linéaire et la longueur focale des objectifs de 1000 pixels. Les images sont exploitées en format « demi », 364 * 366 pixels. Cette séquence a le mérite de contenir des obstacles (voitures) plus proches, des reflets de phares sur la chaussée ainsi qu'une série de poteaux en bord de route au lieu de marquage.

Sachant que les accès mémoire simultanés sur de grandes tables peuvent ralentir le traitement plus que les calculs, nous décidons d'exploiter des images « demi ». Comme la taille de mémoire cache sur une future machine cible nous est inconnue, ceci paraît une approche prudente qui conserve l'option de passer aux images complètes en configuration réelle du système plus tard si la vitesse mémoire et le temps d'exécution des algorithmes le permettent.

3.2. Cartes de disparité : expérimentation à exécuter

Les cartes de disparité denses calculées directement et utilisant des méthodes d'accélération de calcul s'avérant insatisfaisantes, la première idée pour les améliorer fut de fabriquer une carte de prévision à partir de la carte précédente et d'essayer de l'affiner. Si l'étape d'affinage fonctionne bien, elle apportera des informations supplémentaires quant au mouvement propre des objets vus : ceci devrait permettre de les classer comme obstacles (en plus du fait de détecter qu'ils ne sont pas dans le plan de la route).

Le point d'achoppement de cette approche s'avère la faisabilité de l'affinage, d'autant qu'on ne peut expérimenter ce dernier sans avoir de cartes de prédiction. Il faut donc passer par la prédiction des cartes de disparité.

Nous avons d'abord pensé à une méthode simplifiée pour voir si l'affinage peut être bien conditionné et fonctionne à partir de cartes de prédiction approximatives. L'idée était de prendre un point de fuite dans la carte et d'agrandir à partir de là. Elle était d'autant plus attractive que, si le point de fuite est à son intérieur, la prédiction de carte de disparité n'a pas besoin d'être générée dans une nouvelle table, il suffit de définir une fonction linéaire des indices pour lire l'ancienne carte. La méthode était d'autant plus confortable qu'il n'y avait pas de représentation séparée pour les valeurs de disparités indéfinies.

Toute méthode du type a besoin de la position du point de fuite. Comme les prédictions de carte de disparité ne coûtent pas de mémoire, nous avons décidé d'en utiliser quatre, pour estimer deux paramètres : la position horizontale du point de fuite et la vitesse du véhicule. Chaque prédiction de carte de disparité, différente, est « générée » (dans le sens de générer les fonctions de transposition d'indices) en affectant une des deux valeurs à chaque paramètre. Pour chaque pixel dans la carte de disparité on obtient ainsi quatre valeurs de disparités supposées. On teste exhaustivement dans les intervalles les incluant, lesquels peuvent être très courts dans les à-plats. On affecte un point à la prédiction de carte de disparité qui a fourni l'estimation la plus proche.

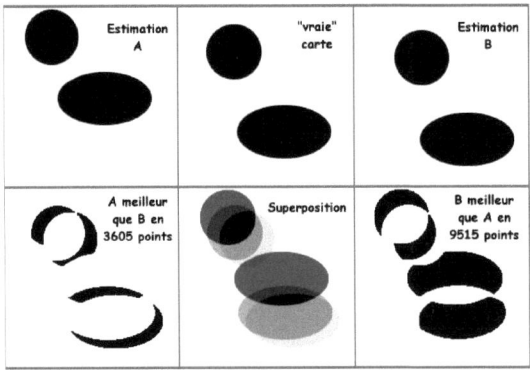

En départageant les points entre les deux valeurs d'un paramètre on peut définir une nouvelle fourchette de valeurs pour l'estimation sur l'image suivante.

L'inconvénient de cette méthode est que les estimations semblaient fonctionner alors même que les cartes de disparité, après quelques estimations, ne correspondaient plus en position aux objets dans les images à analyser. Il fallait donc améliorer le processus de prédiction.

Pour ceci on peut penser exploiter la distance des points de l'image recalculée à partir de la carte de disparité. D'une part, on calcule une nouvelle distance, d'autre part, on calcule le déplacement du point dans (ou hors) l'image à partir du taux d'expansion (Fig. 2.5). On voulait d'abord tester l'algorithme sur une partie de la séquence vidéo en ligne droite et voir ensuite si l'on peut estimer les paramètres ou si on doit obtenir d'autres capteurs la vitesse réelle du véhicule lui-même.

Après calibrage des paramètres les tentatives pour améliorer l'affinage de la prédiction de carte de disparité et éliminer le bruit des à-plats conduisent à s'intéresser aux points de contraste dans l'image, seul endroit où la carte de disparité offre une certitude suffisante. La méthode avait encore une chance de fonctionner si l'ensemble des points de contraste était dense dans l'image : ce n'est pas le cas en général et ne l'a pas été dès la première séquence testée. C'est pourquoi nous nous sommes tournés vers la mise en correspondance des images, approche plus simple, et vers l'exploitation des seuls points de contraste.

3.3. Ill-fitted Contour Climbing: expérimentation à exécuter

Une approche réaliste à base de mise en correspondance des deux images supposerait deux a priori :

- La mise en correspondance est faisable
- Elle est valide pour toute la séquence.

Cette deuxième exigence étant trop demander, l'attention se tourne vers l'automatisation de la mise en correspondance : les données à utiliser pour ce faire et le procédé à choisir.

La mise en correspondance considérée comme résolue, il reste à exploiter les parties d'images où la mise en correspondance échoue. Pour cela on considère les points de contraste, définis en fonction du type des caméras utilisées, à savoir linéaire ou logarithmique : ces points déterminent la partie essentielle de la correspondance et sont moins nombreux. Pour accélérer et fiabiliser l'algorithme davantage, on émet l'

hypothèse du contour vertical : la plupart des obstacles a au moins un contour (très) approximativement vertical au sens 3D, descendant jusqu'à proximité du sol.

Comme l'application est la conduite sur route, les chances de tomber sur un tas de sable sont évidemment moindres qu'en tout-terrain, mais relativisent le bien-fondé de telles hypothèses.

En utilisant cette hypothèse, il doit être possible de trouver des points de contour de l'obstacle où le désalignement est léger (d'où le terme **ill-fit**) et, à partir de là, de

remonter (quasi-verticalement dans l'image caméra) en suivant le contour.
Ceci explique le nom **ill-fitted contour climbing**.

Le suivi du contour a deux buts.

- Augmenter la confiance dans la détection : l'existence d'un contour vertical à même distance corrobore l'hypothèse d'existence d'un objet
- Éviter de chercher très loin dans les disparités entre images alignées, d'où une accélération supplémentaire de l'algorithme.

Pour résumer plus en détail la marche à suivre :

Aligner deux images approximativement rectifiées à la main (hypothèse de route plane) demande d'identifier deux points (à hauteur différente) dans chacune des deux images, mesurer leur position, puis de résoudre un système de deux équations linéaires. Il en résulte les coefficients de l'expression linéaire

DécalageHor (positionVert) = *skew* * positionVert + *shift* (3)

que nous appelons à juste titre *skew* et *shift* (coefficient d' « inclinaison » et décalage horizontal).

Si la route n'est pas plane, il faut travailler avec au moins trois points et autant de coefficients, ce qui posera des problèmes additionnels (voir 6.1.2).) Cette fonction de décalage est ensuite testée sur la séquence d'images.

Pour l'alignement automatique, le problème se complique par le fait qu'il faut identifier deux points de contour sur la surface de la route, à positions verticales assez éloignées. Ce problème n'apparaît guère dans la littérature, à l'exception de [Se] et des tenants de l'approche « horopter » qui calculent la moyenne des disparités par aires et, d'après les illustrations des articles, en mode tout-terrain, probablement pour être sûr d'avoir des contours à peu près partout. Leur approche nous paraît un peu lourde.

3.3.1. Transformé de Hough

Pour aller plus loin dans le calcul on pose deux autres hypothèses d'ordre pragmatique:

La surface de la route présente des points de contour en arc de cercle (ou en ligne droite).

En plus,

Il existe un tel arc de cercle à peu près tangent à la voiture, comme dans la Fig. 3.1.

Nous verrons un peu plus tard comment on peut s'affranchir de la deuxième hypothèse, au prix d'une perte de repères dans une situation du type tête-à-queue.

Examinons plus en détail le marquage en arc de cercle tel que la voiture est censée en suivre la plupart du temps. Les marquages en France sont peints par morceaux de cercle, suivant les prescriptions du Ministère des Transports, tout comme sont construites les routes. En conduite normale le centre de rotation de la voiture est en bonne approximation sur l'axe arrière. La plupart du temps, la voiture n'est pas en train de changer de file, donc elle reste, avec une faible incertitude, parallèle à l'arc au niveau de l'axe arrière, d'où la Fig. 3.1.

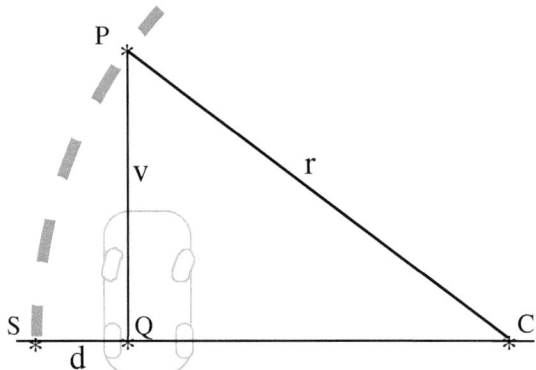

Fig. 3.1 :   Cas de la voiture tangente au marquage

Soit donc SC la ligne de l'axe arrière projeté sur la route, S intersection avec l'arc de cercle (le marquage) en question, C centre du cercle, un point P sur cet arc et Q sa projection sur SC. Soit r le rayon du cercle, d la distance entre S et Q, v celle entre P et Q.

$$v^2 + (r - d)^2 = r^2.$$

Pour les points tels que v est non nul, l'équation devient

$$1/r = 2d / (v^2 + d^2) \qquad (4)$$

On exprime donc la courbure du virage en fonction de la distance v vers l'avant (à partir de l'axe arrière) du point P et du décalage de sa position latérale par rapport au début de l'arc, d.

Ceci veut dire que, un point P étant donné sur la route, différents arcs peuvent y passer. En fonction du point de départ de l'arc, dans le prolongement de l'axe arrière (plus exactement de sa projection sur le plan de la route), les courbures pour aller à P sont déterminées par l'équation ci-dessus. Graphiquement ceci donne la Fig. 3.2 où la courbe représente la courbure (c'est-à-dire, à peu près l'angle de braquage) en fonction du décalage horizontal du point visé.

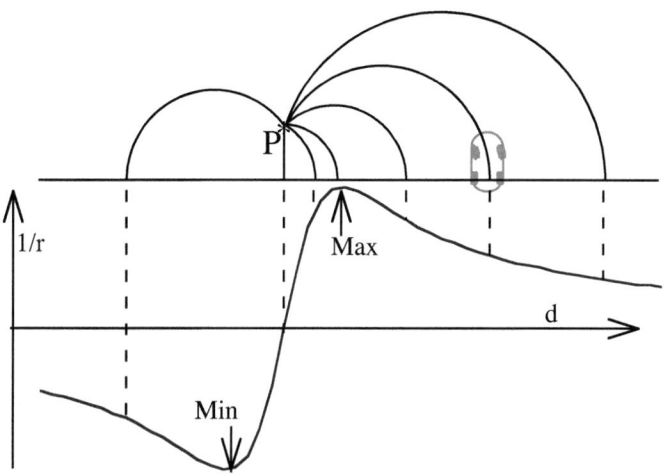

*Fig. 3.2 : La courbe de **1/r** en fonction de **d***

La figure permet d'observer que :

- En partant latéralement à la position devant la cible (le point P) on peut y aller tout droit à courbure nulle.
- En partant à la droite de la cible, la courbure est positive, donc il faut tourner à gauche (et vice versa).
- La courbure maximale correspond au cas où on atteint la cible par un trajet d'un quart de cercle.
- En partant de plus loin on atteindra la cible sur le retour de l'arc, donc pour atteindre P sur la partie aller, seule la partie de la courbe entre ses minimum et maximum présente un intérêt.
- En supposant un deuxième point sur le plan, une deuxième courbe correspondra à sa position, qui sera comme la première étirée ou comprimée verticalement

(suivant la distance du nouveau point à la ligne de base) et décalée horizontalement (suivant la position latérale du nouveau point). L'intersection des deux courbes désignera l'arc qui passe par les deux points.

Imaginons que pour chacun des points de contour d'une image projetée sur la route on dessine la courbe correspondante, entre ses extrema, sur feuille séparée. En noircissant le papier graduellement (c'est-à-dire qu'un pixel du papier où passent plus de courbes est plus foncé qu'un pixel du papier où passent moins de courbes), le pixel le plus foncé décrira les paramètres de l'arc qui passe par le plus de points (partie retour exclue).

☞ La démarche décrite ci-dessus est un cas particulier de la technique appelée **transformée de Hough** et la version informatique de la « feuille » pour dessiner les courbes répond au nom d'**accumulateur de Hough**. Le lecteur intéressé trouvera une discussion d'introduction sur le sujet à

http://cogs.susx.ac.uk/users/davidy/teachvision/vision4.html .

Le lecteur attentif n'aura pas manqué de remarquer qu'on a esquivé un problème : en réalité on dispose d'images caméra et non pas du dessin des marquages de surface sur la route.

3.3.2. Retroprojection sur la route

En vertu de la Fig. 2.7 et des équations associées on peut transposer (rétro projeter) l'image caméra sur la route et réciproquement. Comme on peut choisir la taille de l'image route (l'image caméra projetée sur la surface de la route) très grande, un aller-retour de projection (pour revenir aux pixels de l'image caméra qui sont sur le meilleur arc) entraîne une perte de précision minime (cf. ** ci-dessous), contrairement à [Bertozzi 1], [Bertozzi 2] et [Mallot].

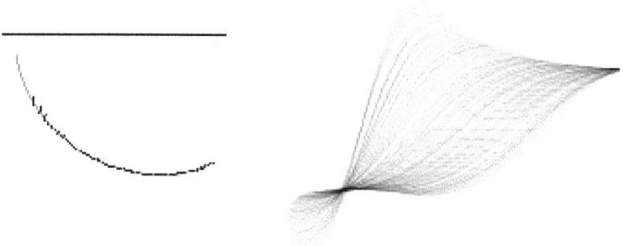

Fig. 3.3 : ⚙ *Effet de projection suivie de rétroprojection sur la route.*
Gauche : les pixels d'un arc de cercle (en gris) sont projetés sur un image caméra de la même taille puis retro projetés sur l'image route en noir).
Droite : l'accumulateur de Hough identifie toujours le même arc. Les courbes y ont été dessinées plus loin qu'entre les extrema (cf. Fig. 3.2). L'accumulation de gris à droite indique la détection du même arc, pris par l'autre bout.

La rétroprojection sur la route est faite dans le seul but d'avoir les coordonnées route d'un point à la fois, elle n'hypothèque pas de mémoire pour l'image route. Les coordonnées route d'un point servent uniquement à dessiner une courbe dans l'accumulateur de Hough. Par conséquent, le choix de l'agrandissement minimum de l'« image route », image de taille infinie d'ailleurs, permet de régler la perte de précision. **Dans la pratique on coupera un pixel en-dessous de l'horizon et on calcule les dimensions route en entiers 32 bits, avec un agrandissement vertical supérieur à 10 pour tous les points.

On peut mettre en doute la rétroprojection sur la base des mouvements propres de la voiture et de la non-planéité de la route. Ils peuvent perturber la perpendicularité du plan de l'image caméra à la route de quelques degrés. Ne recherchant pas des arcs de cercles parfaits, on fait abstraction de tels problèmes. On se préoccupera plutôt de l'estimation de la hauteur de l'horizon, dont les erreurs peuvent entraîner des effets plus importants par les mouvements plus importants en angle.

Comme déjà dit, on peut relaxer l'hypothèse d'existence d'un arc de cercle à peu près tangent à la voiture. Que se passera-t-il pendant les changements de file.

Supposons une image caméra formée d'une série de verticales. Leur retro projection sur la route sera une série de lignes droites allant vers le même point de fuite, celle face au centre de projection étant perpendiculaire à l'axe arrière. On sait qu'en effectuant la retro projection selon un centre décalé horizontalement, on mettra l'image route « en italique » (voir Fig. 3.4). Ceci va transformer un arc de cercle en arc d'ellipse, mais en cas de petits décalages du centre de projection l'approximation par arc de cercle fonctionnera toujours, un arc d'ellipse en n'importe lequel de ses points pouvant être approximé par un arc de cercle avec erreur de troisième ordre.

Fig. 3.4 : Effet de changer la position horizontale de la retroprojection sur la route.

Cette technique de rechercher des arcs de cercle peut s'avérer une bonne méthode de suivi de marquage sur route, aussi bien qu'un outil pour trouver l' « horopter » en applications tout-terrains, sur sol trop riche en détail. Elle permet de s'accrocher à un nombre raisonnable de détails pour y calculer des disparités. Les points qu'elle exploite sont verticalement aussi éloignés que possible. Un intérêt particulier vient du fait que le même algorithme est utilisable sur route pauvre en contraste et sur terrain (trop) riche en contraste. Nous ne disposons pas de séquences tout-terrains, mais les Fig. 4.20 et suivante simulent une situation riche en détail.

3.3.3. Interdépendence du *shift* et du *skew*

Examinons pour finir l'impact du mouvement propre de la voiture (voir Fig. 2.10) sur les valeurs de *shift* et de *skew* obtenues sur route plane.

Le *yaw* (braquage) est le seul à ne pas les influencer.

Le *heave* modifie le *shift* sans modifier le *skew*.

Le *pitch* (tangage) modifie les deux en gardant leur proportion, voir Fig. 2.11. Ce constat est approximatif, d'autant plus que la caméra n'est pas exactement entre les deux axes de la voiture. Nous nous permettons cependant de l'énoncer dans la mesure où le *pitch* pur n'existe pas.

Le roulis a comme effet que le *shift* est différent sur les côtés droit et gauche de l'image, voir Fig. 2.12. Le *skew* n'en est pas affecté.

Le plus gênant est sans doute le pitch, plus ample en angle, qui entraîne des effets similaires à ceux d'une route qui commence à monter ou à descendre, la voiture étant encore sur la partie plane. Pouvoir éliminer cet effet, ainsi que vérifier expérimentalement la dépendance linéaire entre le *shift* et le *skew* dans le cas du *pitch*, serait d'une valeur importante pour l'estimation de ces paramètres, d'autant plus qu'il permettrait de réduire le nombre de points de surface de la route nécessaires pour leur estimation.

3.4. Possibilité de la prédiction

Une question désormais valide est celle de la possible prédiction des changements de paramètres en vue de déduire la hauteur de l'horizon. La connaissance serait avantageuse pour l'essai d'alignement des deux images, en vue de préciser les valeurs de *shift* et *skew*. La question est compliquée par le fait que l'on ne dispose pas - même a posteriori - des valeurs exactes à estimer.

Comme la hauteur de l'horizon est une fonction non-linéaire du *shift* et du *skew*, il paraît plus simple de commencer par leur prédiction.

Bien entendu on ne peut pas prédire exactement les variations : pour cela, il faudrait connaître, modéliser ou prédire les variations de surface de la route. On peut cependant prédire le comportement de la suspension de la voiture. Sachant que celle-ci produit des oscillations bien amorties d'une fréquence entre 80 et 100 $\min^{-1}$ et qu'elle fonctionne en liaison amortie avec les roues, qui ont leur fréquence propre en plus de celle de l'amortissement [Jurek], on peut envisager calculer les coefficients

$$\text{CoeffSin}(n) = \sum_{i=0}^{max} \sin(2\pi i/n) * \text{shift}(i) \qquad (5)$$

pour trouver des résonances. Ceci sera fait en 4.2.3 .

3.5. Plan d'expérimentation

En résumé, il s'agit de définir la démarche, par étapes gérables, pour arriver à un algorithme utilisable. En l'occurrence :

- Aligner deux images à la main
- Tester l'alignement sur une séquence
- Essayer de trouver des points sur la route par programme et voir les types d'erreurs
- Tester la possibilité de filtrage des paramètres estimés
- Transformée de Hough seule
- Retroprojection
- Transformée de Hough avec retroprojection
- Calibrer la distance de l'axe arrière
- Calibrer la résolution de point de départ de l'arc
- Calibrer la résolution de la courbure de l'arc
- Tester le programme pour l'estimation de *shift* et *skew*
- Tester le ill-fitted contour climbing
- Vérification statistique de l'interdépendance de *shift* et le *skew*
- Estimation à partir d'un seul point de la route
- Améliorer la fiabilité de l'estimation avec un point
- Test final
- Test de calibration sur autre séquence avec une géométrie des caméras différente

4. Résultats de l'expérimentation

Pour les expérimentations ont été utilisés un Macintosh G4/450 et un Macintosh PPC 4400/160 avec carte processeur 300MHz (bus 40 MHz), et pour les mesures de vitesse de calcul sans prédiction de cartes de disparités un PC/Pentium2 / 500.

❋ Toutes les illustrations de ce chapitre sont soit produites en utilisant des logiciels (tableur, traitement d'image), soit le résultat de programmes écrits accessoirement pour évaluer les résultats de la future version installée.

4.1. Cartes de disparité : résultats

Les calculs directs étant éliminés dans les expérimentations préalables, il nous reste à examiner les résultats de l'approche prédiction / affinage.

4.1.1. Expansion linéaire de la carte de disparité

La première (nouvelle) idée à tester fut donc de faire une expansion de la carte de disparité précédente autour d'un point de fuite (à déterminer) et affiner cette prédiction de carte de disparité dans un temps court. La faisabilité de l'affinage était une question ouverte qui ne pouvait être décidée qu'en passant par l'écriture de code pour l'algorithme d'expansion.

Dans un premier temps, la position du point de fuite et le taux d'expansion entre deux images furent déterminés expérimentalement et fixés pour toute la séquence. Après 10 expansions la carte de disparité était recalculée (donc à chaque 12-ième image).

Fig. 4.1

Gauche : Carte de disparité estimée pour l'image 24 après 10 expansions linéaires / corrections. Le rectangle indique la position estimée du centre de l'expansion. La fausse mise en correspondance sur le passage clouté est éliminée

Droite : Pour l'image 25 la carte de disparité est recalculée et les fausses mises en correspondances sont réapparues. Les voitures mouvantes de devant sont repositionnées.

La prédiction de carte de disparité s'embrouillant plus vite dans le virage que dans la ligne droite, l'étape suivante fut l'estimation de la position du point de fuite. Pour ceci fut d'abord mise en œuvre la simulation des quatre prédictions de carte de disparité avec le système d'attribution de points décrit en 3.1. Le code était opérationnel pour estimer deux paramètres à la fois, mais dans un premier temps deux valeurs de position horizontale pour le point de fuite et deux valeurs identiques pour la vitesse (qui ne change pas beaucoup pendant la séquence) ont été retenues pour essai.

Un premier désavantage de la méthode était le manque de gestion des valeurs indéterminées dans la prédiction de la carte de disparité. Ces valeurs sont représentées par les zones rayées sur la Fig. 2.4 et signifient l'absence d'un optimum bien marqué dans les erreurs quadratiques,

$$\min_{dispar} S_{position \: \alpha \: fenêtre} \: erreur \: ((couleur \: (image_1, position)),$$
$$(couleur \: (image_2, position + dispar))).$$

La forme de ces zones change suivant les critères déterminant un optimum « bien marqué », suivant la taille des fenêtres (les meilleures cartes de disparité étaient expérimentalement obtenues entre 5 * 5 et 6 (hauteur) * 8 (largeur) pixels) et suivant la fonction erreur, quadratique ou valeur absolue.

On n'a pas rajouté une deuxième carte pour indiquer les zones de valeurs indéterminées, d'une part pour ne pas ralentir le programme par inflation mémoire, d'autre part pour éviter la question de quoi faire avec ces valeurs lors de l'affinage (en particulier, savoir quand une valeur affinée devient indéterminée).

L'affinage consiste en l'examen des valeurs de disparités dans l'intervalle contenant les quatre estimations issues des quatre prédictions de la carte de disparité (cf. 3.2).

Après quelques tâtonnements de paramétrage, le point de fuite se décalait bien à droite dans le virage à droite, mais dans le virage gauche il continua vers la droite.

Vérifications faites, l'erreur s'avère irrécupérable, la prédiction de la carte de disparité étant trop peu en rapport avec les images à analyser pour être affinée. L'évolution quantifiée de la divergence se trouve en annexe 8.2.

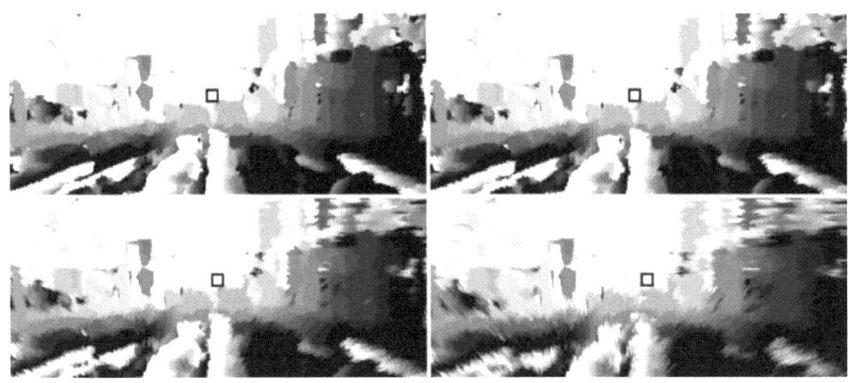

Fig. 4.2 : Cartes de disparité pour l'images 13 (recalculé), 14 (1 expansion linéaire / correction avec estimation du point de fuite), 17 (4 expansions) et 24 (10 expansions), toutes expansions en ligne droite.

4.1.2. Expansion non-linéaire de la carte de disparité

Aller plus loin supposait d'améliorer la méthode de prédiction de la carte de disparité. Pour ce faire, on a utilisé le modèle de la Fig. 2.5 : pour chaque pixel, à partir de son niveau de gris on recalcule la disparité et de là, sa distance. En fonction de la vitesse estimée et de la position horizontale du point de fuite le programme a calculé une nouvelle position et une nouvelle valeur de gris pour chaque point et l'a dessiné dans une prédiction de carte de disparité (qu'il fallait, cette fois-ci, stocker en mémoire). En cas de plusieurs pixels arrivant au même endroit, le plus proche est retenu comme étant celui qui met les autres en occlusion. Avec les deux valeurs de chaque paramètre les quatre prédictions de carte de disparité sont du type représenté dans la Fig. 4.3. À ce stade on oublie la modification des paramètres estimés dans le programme et on se limite à la partie de séquence d'images en ligne droite.

Le premier phénomène remarquable est la présence des lignes blanches, comme les fissures d'un matériau étiré (l'image était remplie de blanc avant d'y dessiner les pixels). Ces lignes ont deux origines différentes :

les **pixels d'expansion**, sur les « grilles » ou « craquelures », viennent de l'expansion de l'image.

les **pixels de désocclusion,** sur les limites de deux teintes de gris les pixels blancs, viennent du déplacement plus lent du gris plus clair, donc plus lointain. Ces derniers sont au même endroit dans les prédictions de carte de disparité et reconnaissables en plus par le fait que leurs voisins sont plus clairs vers le point de fuite que vers le bord.

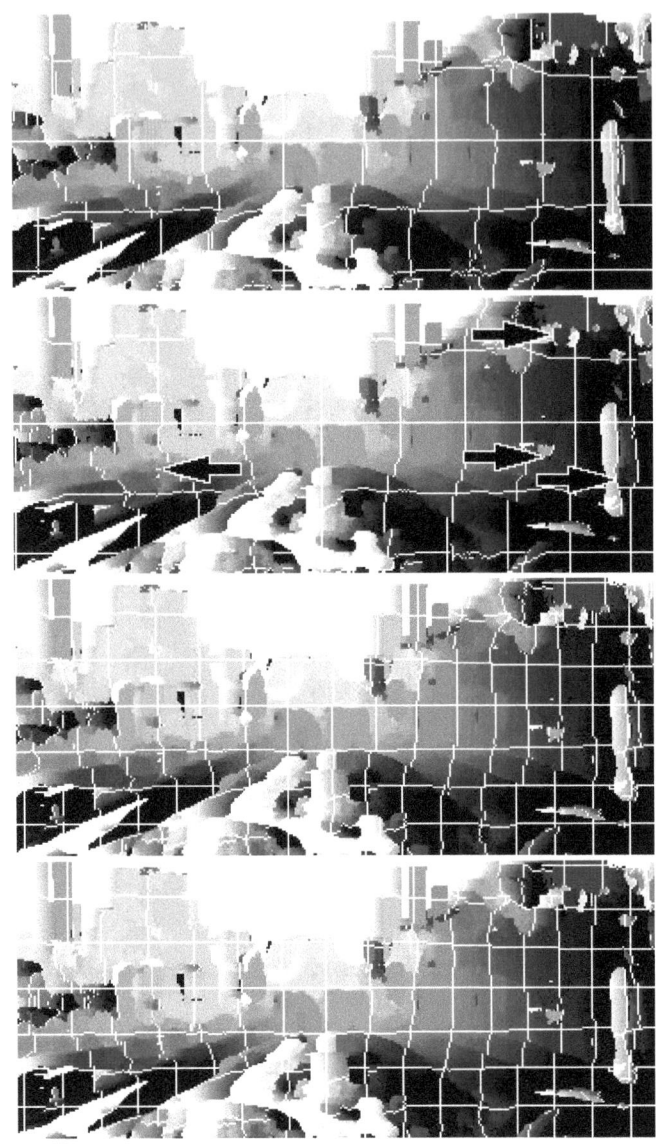

Fig. 4.3 : Les quatre expansions non-linéaires de la même image avec les trous non remplis. Les grilles correspondent aux gaps (trous) d'expansion, les flèches pointent sur des trous de désocclusion (à la même position dans les images).

Croire que ces trous seront éliminés par l'affinage est trop optimiste. La Fig. 4.4 montre ce qui reste de l'image après plusieurs expansions et affinages. En fait, les pixels blancs élargissent jusqu'à 0 l'intervalle des valeurs de disparités à tester et facilitent la prise en compte de valeurs « parasites » que l'affinage pourrait valider. En examinant plus en détail les pixels clairs, on trouve des valeurs différentes du niveau de blanc, donc ils sont effectivement l'œuvre de l'affinage.

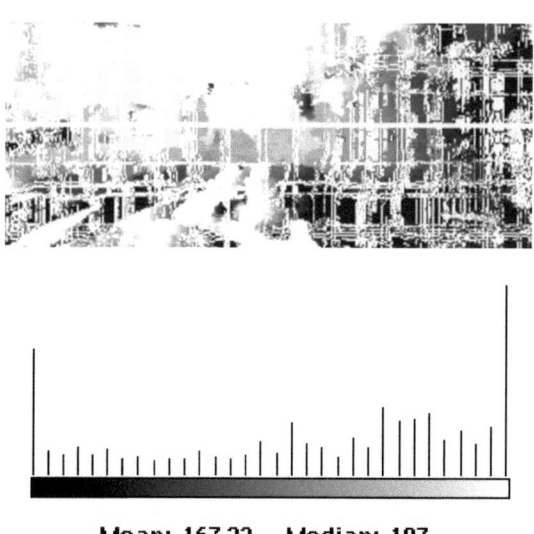

Fig. 4.4 :

En haut : ce que donneraient les trous sans compensation après dix expansions, cas typique (réduit à 32 niveaux de gris par la compression en séquence animée).

En bas : histogramme de la même image.

Éliminer les blancs n'est donc pas chose facile. On peut penser à des opérations du type Morphologique, comme des moyennages progressifs. Remplir les pixels blancs par la valeur moyenne de leurs deux voisins d'abord horizontalement et ensuite verticalement, en plus d'obliger deux passages supplémentaires sur chaque prédiction de la carte de disparité, n'élimine pas les intersections de la grille où l'une des deux barres se décale d'un pixel. Il reste un pixel plus clair quelque part et dans les étapes suivantes il fait boule de neige. La meilleure solution est encore de faire le parcours de l'image pour le re-calcul des pixels par pas inférieurs à 1 (ce qui bouche les pixels de la grille) et ensuite faire un passage horizontal en espérant éliminer les pixels de désocclusion. Cette inspiration « Cordic » moins heuristique complique le programme, ce qui est de mauvais augure.

On doit aussi s'inquiéter de l'erreur d'arrondi du re-calcul des disparités. Mais le re-calcul du niveau de gris, en fonction de la vitesse est une fonction (non-strictement) monotone, au moins l'ordre des gris est préservé. On remarquera que les erreurs d'arrondi seraient sans doute moindres en prenant les images dans le rétroviseur.

Plus inquiétant était le fait que le calibrage des paramètres intéresse les :

- taux d'expansion / vitesse pour une distance donnée,
- taux de réduction de distance / vitesse pour la nouvelle disparité et niveau de gris résultant,
- position horizontale du point de fuite à éventuellement capter du volant de la voiture
- position verticale de ce même point

Le calibrage se complique du fait que plusieurs jeux de paramètres différent conduisent à des effets similaires en expansion, donc le processus de calibrage demande plusieurs passes sur chaque paramètre.

La représentation des disparités par des niveaux de gris était aussi modifiée de sorte que les disparités dépassant 30 pixels lors de l'expansion n'étaient pas vérifiés sur l'image lors de l'affinage : seule était calculée la moyenne des estimations de disparité supérieures à zéro (Fig. 4.5).

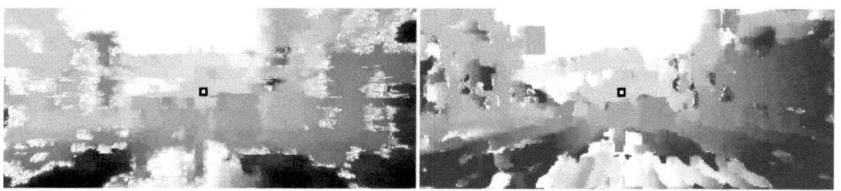

Fig. 4.5 : Images 24 et 25 de la même séquence, avec le traitement de disparités débordantes : si l'une d'elles dépasse la limite de recherche (30 pixels), dans la carte de prédiction la moyenne des valeurs estimées non nulles est utilisée sans rectification. L'échelle de gris a été changée par rapport aux images précédentes. Le mouvement propre des deux voitures devant n'est visiblement pas pris en compte. Les points blancs sporadiques (pixels de désocclusion) ne s'affinenent pas bien et se propagent mieux que les disparités qui, venant des objets plus proches et se développant plus vite, quittent le scène plus rapidement.

Gauche : image 24 après 10 expansions non linéaires/corrections. Les zones blanches sur la chaussée sont l'héritage du bruit sur les à-plats.

Droite : image 25, recalculée.

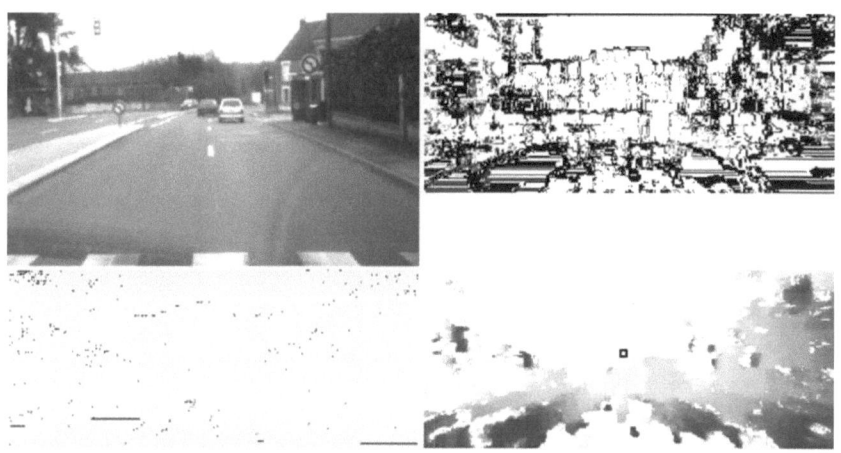

Fig. 4.6 : Pour l'image d'en haut, à gauche, celle en haut, à droite indique la position de la disparité retenue dans l'intervalle des disparités disponibles (le niveau de gris correspond à (retenu − min) / (max − min)). L'image en bas, à gauche indique les points où il y a plusieurs disparités qui donnent la même erreur et l'image en bas, à droite est la carte de disparité finale (après expansion non-linéaire et affinage).

Après quelques analyses qualitatives des cartes d'expansion dans le genre de la Fig. 4.6, nous avons été conduits à améliorer le processus d'affinage.

La première idée pour un affinage qui ne trouve pas les bonnes disparités est d'élargir de ±1 les intervalles contenant les quatre estimations venant des quatre prédictions de la carte de disparité. Le résultat fut assez catastrophique.

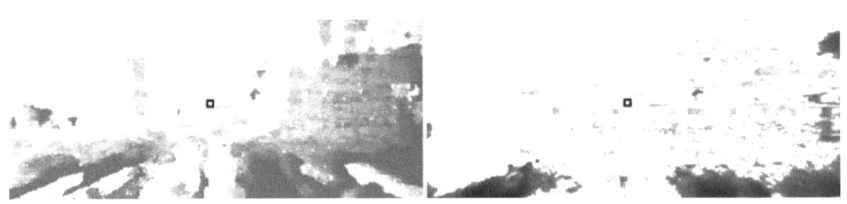

Fig.4.7 : Pour mieux corriger la prédiction de la carte de disparité, au lieu de l'intervalle [min - max] l'intervalle [min-1 – max+1] fut utilisé avec peu de bonheur. Les cartes de disparités obtenues pour les images 15 et 24 portent les traces de 1 et 10 estimations et corrections respectivement. Les désocclusions sont remplies par la couleur la plus claire des voisins horizontaux.

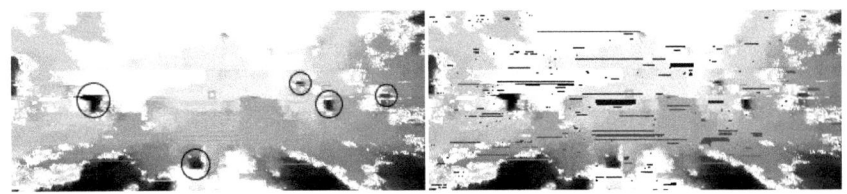

Fig. 4.8 : Images 24 de la même séquence, avec lissage.

Gauche : l'effet obtenu, carte plus lisse que ci-dessus à gauche. Quelques valeurs réalistes de disparités (encerclées) ont survécu

Droite : Pour lisser, en cas de deux points de contour voisins, sur la même horizontale et à la même disparité, on égalise la carte entre les deux. Les lignes horizontales à gris inversé désignent les zones qui ont été égalisées dans la dernière correction suivant l'expansion non linéaire.

La tentative d'y inclure les estimations pour les pixels voisins donnait des résultats du même genre, mais en pire : l'estimation élargit les intervalles de disparités à tester, au lieu d'une largeur 1 on considèrera les valeurs des pixels voisins de part et d'autre. Le mieux était encore pour les prédictions de carte de disparité de lisser, après l'affinage, les valeurs de disparité entre les points de contour voisins dans l'image s'ils avaient la même disparité.

Lorsqu'on vérifie (enfin) la densité des points de contour dans l'image on s'aperçoit qu'ils ne sont pas denses. Comme sur les à-plats l'affinage n'avait presque aucune chance, il fallait essayer autre chose.

Pour récapituler, la méthode de prédiction des cartes de disparité par expansion non-linéaire a plusieurs inconvénients :

- La prédiction ne prend pas en compte le mouvement propre des objets dans l'image.
- Sans représentation additionnelle pour les zones des valeurs indéterminées, l'expansion continue à conjuguer ces valeurs indéterminées des cartes de disparité précédentes. Il reste à trouver comment on peut les représenter et traiter lors de l'expansion / affinage.
- L'estimation des paramètres (position du point de fuite, vitesse) est problématique en expansion linéaire et non testée en expansion non-linéaire
- Si le point de fuite est en dehors de l'image, de grosses régions restent vides dans la carte de disparité. (Ce défaut pourrait être corrigé avec des caméras mobiles qui suivent la direction de la voiture un peu à la manière des phares d'une Citroën DS.)
- L'expansion ne remplit pas complètement la nouvelle carte de disparité (défaut corrigible pour les trous d'expansion mais problématique pour les trous de dés-occlusion).
- L'affinage de la carte de disparité ne fonctionne pas de façon satisfaisante ni pour rectifier les disparités, ni pour détecter des régions avec une mauvaise valeur de prédiction (donc en mouvement). Le seul remède semble être d'augmenter les intervalles de disparité à vérifier, ce qui conduirait la partie affinage (donc

décision) du programme à refaire le travail de production des données, compromettant le gain de vitesse.

4.2. Ill-fitted contour climbing : résultats

Voilà deux images de la séquence à mettre en correspondance, dans le cas d'une surface de route plane.

Fig. 4.9 : Image 22, gauche et droite

4.2.1. Alignement

Admettons qu'on a les valeurs de *shift* et de *skew* dérivées des mesures sur une autre image. On peut donc calculer le décalage horizontal à appliquer en fonction (linéaire) de la hauteur et la différence des luminosités pour chaque pixel de l'image superposée suivant la formule

pixSuperposé(h,v) = 128 + (pixD (h,v) - pixG (h + décalage (v),v))/2   (6)

évitant habilement les *over-* et *underflow* des valeurs de luminosité, allant de 0 à 255 et stockées dans les unsigned char. On obtient ainsi l'image superposée en Fig. 4.10. La plupart de la surface de la route a ainsi viré au gris neutre (= 128) signifiant que les pixels se correspondent en couleur entre l'image droite et l'image gauche déformée aussi bien sur le gris de l'asphalte que sur le blanc du passage clouté. La présence des contours de passage clouté montre cependant que la mise en correspondance est inexacte d'un ou deux pixels. On observe aussi les objets en double, en plus ou moins clair comme sur l'image droite et penchés à droite, plus ou moins clair en négatif - objets de l'image gauche - et déformés. Les paires d'objets se rejoignent à l'endroit où ces derniers touchent le plan de la surface de la route.

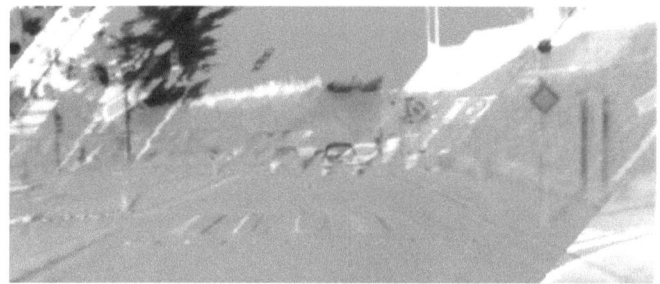

Fig. 4.10 : Image 22, gauche et droite superposées avec alignement approximatif pour éliminer la surface (plane) de la route.

Dans les triangles de non-alignement (les deux triangles des coins bas droite et haut gauche où il n'y a pas de surface correspondant dans l'autre image, voir aussi Fig. 2.8) le programme a calculé les différences avec des pixels inadéquats.

Avec les valeurs de *shift* et de *skew* constantes, l'alignement se passe plus ou moins bien, suivant les mouvements de la voiture à travers les images (voir Fig. 4.11).

Fig. 4.11 : La même image de différence pour les images 18 et 21 avec shift et skew constants. Le pitch (tangage) de la voiture, observable par le changement de la hauteur de l'horizon, a causé des erreurs d'alignement différentes sur la surface de la route entre les deux images superposées. Sur l'image de droite le passage clouté, plus proche, est beaucoup moins visible.

L'explication de ces changements d'alignement ne demande que de superposer différentes images de la séquence. À 2 images d'intervalle dans la séquence on peut trouver du tangage et du roulis importants (voir les Fig.s 2.11 et 2.12). À valeur égale, le tangage est plus nuisible parce qu'il désaligne la partie lointaine de l'image qui contient les obstacles les plus intéressants, sauf dans un virage où la vitesse de la voiture diminue de toute façon. Le roulis ne change l'alignement que sur les deux cotés.

Il convient donc de trouver les points sur la surface de la route et recalculer le *shift* et le *skew* à chaque paire d'images. Pour les premières tentatives d'alignement nous avons défini un rectangle fixe dans l'image : le programme cherche deux points de contour dans ce rectangle, l'un du haut en bas, l'autre du bas vers le haut, pour les avoir aussi éloignés que possible. Dans cette séquence il suffisait de vérifier la présence de points de contour une ligne sur deux.

En plaçant une fenêtre d'1 pixel de haut et 15 pixels de large autour de ces deux points, on calcule dans un petit intervalle leur disparité image droite/image gauche déformée, selon le *shift* et le *skew* de la paire d'images précédente. Plus exactement, on cherche la meilleure disparité dans l'intervalle [décalage(v)-5, décalage(v)+5] . Compte tenu des disparités en ces deux points on recalcule le *shift* et le *skew*. Si l'on ne trouve pas deux points dans le rectangle, on les laisse inchangés.

Cet algorithme fonctionne mieux que l'alignement constant (pour les cas d'erreurs voir la Fig. 4.12) et peut nous servir comme référence dans le futur, mais l'emploi d'un rectangle fixe pour trouver des points de marquage est un peu optimiste. Il nous faudra donc une autre méthode pour les identifier.

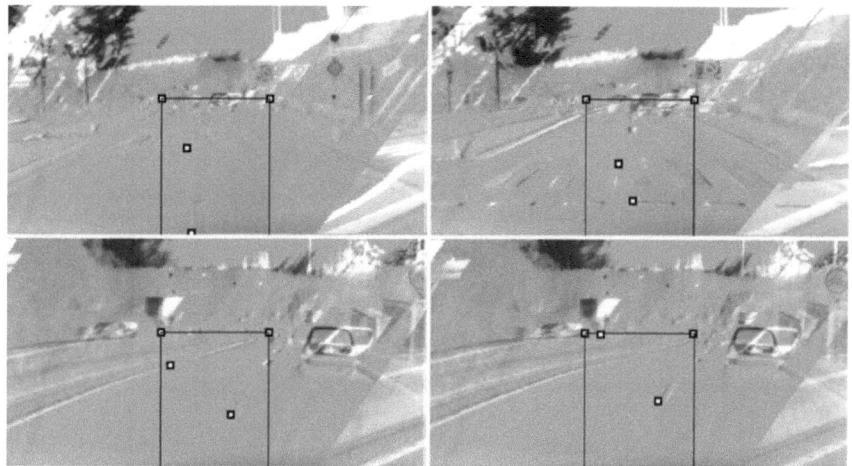

Fig. 4.12 : Cas de détection de points dans un rectangle fixe, illustrant leur effet sur l'alignement des images

en haut, à gauche: deux points nets et verticalement distants trouvés, entraînant l'élimination correcte de la surface de la route (le passage clouté compris).

en haut, à droite: la distance verticale est peu élevée ou un point de contraste insuffisamment net (c'est-à-dire la mise en correspondance est inexacte entre les deux images).

en bas, à gauche: les points sont horizontalement décalés et la voiture en roulis (2 cas sur les 90 images de la séquence). La planéité de la route peut aussi être mise en doute.

en bas, à droite: fausse détection d'un point à une hauteur différente de celle de la route (6 cas).

non montré dans l'image : un seul point détecté, les valeurs de shift et de skew ne sont pas modifiés (1 cas).

Mettant ce problème à part pour le moment, voyons ce que l'on peut faire avec les zones où les deux images ne se sont pas annulées. Pour réduire une telle zone davantage, on peut calculer les points de contraste d'une image (qui sera celle de droite), en ne cherchant qu'horizontalement et employant une courbe de transfert du type

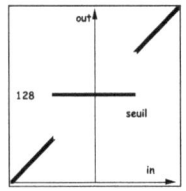

À savoir, on appliquera un seuil pour tronquer à la valeur du gris neutre, 128, les différences secondes entre 128–seuil et 128+seuil, ou on les additionnera sinon. Avec cette approche on trouve deux sortes de points de contour :

❦ Les **contours gauches** (en clair dans la partie du bas gauche de la Fig. 4.13) sont les points où l'on passe du sombre au clair (de gauche à droite) et les **contours droits** (en sombre au même endroit) sont les points où l'on passe du clair au sombre.

Prenons maintenant l'intersection de trois ensembles :

la zone non-alignée de l'image,

❦ la **partie utile de l'image** (donc la partie sous l'horizon moins le triangle de non-alignement)

les points de contours (gauches et droites).

Les points de cette intersection sont tout ce qu'il reste à vérifier dans l'image, en calculant leur disparité par rapport à l'autre image alignée, pour retrouver les contours d'obstacles.

Grâce à la réduction ci-dessus donc il reste dans la séquence d'exemple environ 1% des points dont on doit calculer la disparité.

4.2.2. Ill-fitted contour climbing (ICC)

Pour accélérer le calcul de ces disparités on remarquera d'abord qu'en vertu de l'hypothèse du contour vertical (cf. 3.2) parmi ces points certains auront une disparité faible dans les images alignées. À partir de ces points, on peut faire croître verticalement dans l'image un ensemble connexe de points dont la disparité croit de façon régulière en fonction de l'altitude sur la verticale de l'image dans les images alignées, mais reste constante dans les images non alignées.

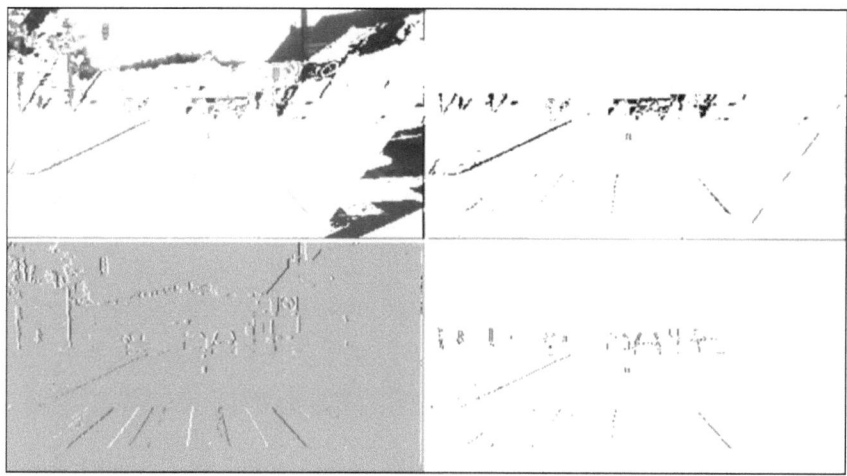

Fig. 4.13 : Réduction du nombre de points à traiter dans l'image

en haut, à gauche: points restant des deux images après alignement et élimination du gris neutre. Les deux niveaux de gris correspondent aux deux images de provenance

en haut, à droite: idem, après élimination de la partie non mise en correspondance (le triangle inférieur droit) et la partie au-dessus de l'horizon estimé

en bas, à gauche: les points de contour de l'image droite (calculé, par les différences secondes en balayant horizontalement).

en bas, à droite: intersection des images en haut, à droite et en bas, à gauche donnant les points de contour à aligner pour la détection des obstacles.

Le nombre de points à analyser a été réduit de 65100 à 672 (de 500 à 600 dans les cas courants de cette séquence). *Le seuil de contraste pour détecter des parties d'images non alignées a été abaissé entre les versions du programme produisant les images du haut et celles du bas.*

Il serait avantageux d'accumuler ces points appartenant au même obstacle d'une part pour les grouper et d'autre part pour augmenter la valeur de confiance en la détection. C'est là que l'ICC prouve son intérêt.

L'algorithme balaie l'image des contours horizontalement et du bas vers le haut. Il calcule la disparité des points de contraste restants après la réduction. Pour le calcul des disparités, il teste les valeurs sur un intervalle [-1, 10] dans l'autre image (alignée), s'appuyant sur l'hypothèse que les contours vont presque jusqu'au sol.

Si le contour en question ne jouxte pas le sol, l'intervalle testé n'ira pas assez loin pour trouver la distance au sol du contour et l'algorithme détecte une distance plus grande que la réelle. Dans l'algorithme programmé l'intervalle est court, pour gagner en vitesse, mais il peut être rallongé pour éliminer ces erreurs de distances.

Si une disparité est trouvée, une procédure est appelée qui recherche des points de contour vers le haut en exploitant un petit triangle, d'une surface de 4 pixels • ⟶ •••. Le successeur d'un point doit avoir même disparité dans l'image non alignée. S'il en trouve, il commence à empiler des petits triangles similaires dans une image bitmap, à partir de la hauteur qui correspond à la disparité trouvée sur la surface de la route et vers le haut. Ensuite il efface les points de contour de l'image des contours et il y continue la recherche vers le haut, vérifiant les disparités autour de celle du point dessous. Il vérifie également les disparités autour de celle de la surface route à ce point. Quand elle a épuisé la montée, la procédure se termine et le balayage de l'image des contours continue avec les points de contour restants.

En réalité, trois cas au moins sont à traiter :

- Montée continue avec la même valeur de disparité
- Disparité 0 dans la suite de la montée (ce qui oblige le programme à vérifier à chaque pas les disparités autour du celle du plan route au même point), la montée continue
- Autre contour joint avec disparité différente et non nulle. La montée est terminée, l'autre contour sera exploité lors d'une autre montée.

Il est à remarquer que la procédure qui empile les triangles ne commence à les dessiner qu'à partir du deuxième point, donc elle rejette les points isolés. Elle représente les contours d'obstacles trouvés à l'endroit de l'image caméra où la surface de la route est à la distance de l'obstacle.

On va appeler **tas** les points superposés par la procédure ci-dessus dont la position sur la route représente la position du contour de l'obstacle et la hauteur, la valeur de confiance en la détection.

Remarque d'ordre technique : il faut soit jeter les points de contour sur le bord de l'image, soit prévoir une marge, sinon la recherche vers le haut risque de passer d'un coté de l'image à l'autre.

Il reste possible que cet algorithme établisse une disparité incorrecte pour des obstacles sans contact au sol ou qu'une branche montante de points de contour empiète sur une autre branche montante de points et la « phagocyte », perdant un contour d'obstacle en occlusion partielle. Avec les séquences d'images disponibles, nous n'avons pas pu identifier de tels cas.

Fig.4.14 : Résultat de la détection dans la même image que Fig. 4.13. Le contraste du trottoir de droite passe inaperçu pour deux raisons : il est à la même hauteur que le milieu de la route et en partie il tombe dans le triangle de non-alignement inférieur droit.

En résumé, le ill-fitted contour climbing fonctionne très bien, mais il est tributaire du bon alignement des images. C'est après un détour sur le filtrage que l'on va revenir sur l'identification des points sur la route grâce aux arcs de cercle tangents à la voiture qui en contiennent un maximum.

Fig. 4.15 : Résultats de détection d'obstacles utilisant les points de la route détectés dans un rectangle fixe. Les images respectives sont les mêmes que dans Fig. 4.12

en haut, à gauche: détection correcte. Le poteau du feu tricolore n'a pas donné assez de contraste. La détection sur ligne de milieu peut être éliminée par sa mesure de confiance (faible hauteur du tas)

en haut, à droite: obstacles détectés légèrement trop loin, la voiture de devant est perdue

en bas, à gauche: L'horizon est estimé trop haut. Les obstacles lointains sont perdus, la voiture d'en face est détectée plus loin que sa distance réelle. Les marquages de route lointains sont détectés comme obstacles (les tas juste en dessous des marquages)

en bas, à droite: (image suivante) même phénomène qu'en l'image en bas, à gauche, en moins grave

4.2.3. Interlude : prédiction

En représentant des fonctions linéaires des valeurs estimées de *shift* et *skew* ainsi que la hauteur de l'horizon, déduits des résultats précédents, on obtient le graphique suivant :

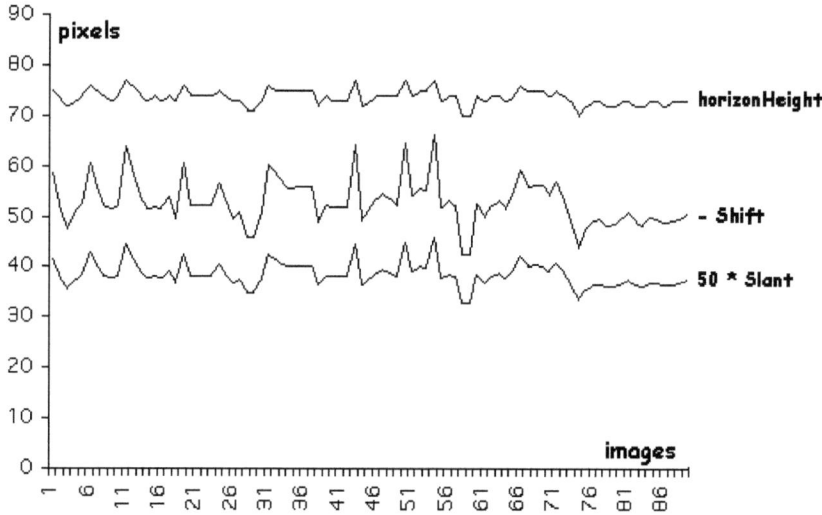

Fig. 4.16 : Valeurs trouvées sans prédiction des shift et du skew (slant dans la Fig.) et de la hauteur de l'horizon, en fonction des images

Au vu de cette figure deux questions se posent. Primo, est-ce qu'on peut prédire ces changements ? Ceci serait avantageux pour l'alignement provisoire des deux images en vue de trouver le *shift* et le *skew* exacts. Secundo, est-ce qu'on peut exploiter une certaine ressemblance entre les courbes du *shift* et du *skew* ? Tout en pensant revenir sur la deuxième question, une réponse à la première peut être la suivante :

On ne peut pas prédire exactement les variations, faute de prédire les variations de surface route alors qu'au mieux on peut en bâtir un modèle. On peut cependant prédire le comportement de la suspension de la voiture. Sachant que celle-ci produit des oscillations bien amorties d'une fréquence entre 80 et 100 min^{-1} et qu'elle fonctionne en liaison amorti avec les roues, qui ont leur fréquence propre en plus de celle de l'amortissement [Jurek], commençons par calculer les coefficients en vertu de (5) (cf. 3.4),

$$\text{CoeffSin}(n) = \sum_{i=0}^{max} \sin(2\pi i/n) * \text{shift}(i) \qquad (5)$$

soit la table suivante :

n	2	3	4	5	6
coeffSin (n)	0	20,92	-0,6	54,33	3,103

Fig. 4.17 : Coefficients obtenus en utilisant (5)

Il y aurait donc des fréquences de résonance à trois et cinq images. On peut constater que les coefficients en cosinus ne donnent apparemment rien d'intéressant.

En considérant la prévision

$$\text{Shift}(i) \approx \text{Shift}(i-1) + c*$$
$$(20,92 * (\text{Shift}(i-3)-\text{Shift}(i-4)) +$$
$$54,33 * (\text{Shift}(i-5)-\text{Shift}(i-6))) \qquad (7)$$

et après identification du coefficient c, on obtient les prédictions des valeurs des trois paramètres de l'image suivante, en recalculant le *shift* et le *skew* exacts à partir des valeurs prédites pour l'alignement supposé des deux images suivantes. Ceci ressemble plus aux effets de la route :

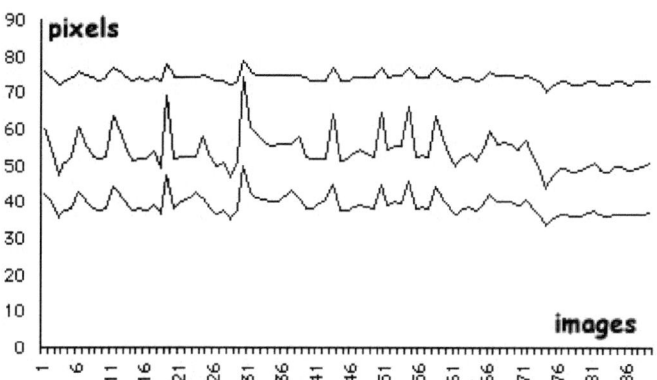

Fig. 4.18 : (Fonctions linéaires des) estimations des trois paramètre, utilisant les prédictions de leurs valeurs pour leur estimation, en fonction des images. Les valeurs de shift et de skew sont ressemblantes mais il y a des différences significatives vers les images 36, 41 et à partir de 83. La valeur du paramètre c dans l'équation (7) a été ici estimée empiriquement.

La Fig. 4.18, comparée avec la Fig. 4.17, paraît plus lisse, ce qui vérifie qualitativement l'existence des « résonances » à 3 et 5 images de temps de cycle. En estimant la fréquence de la séquence à 8 Hz, les cycles seraient donc de 160 / min et 96 / min. La deuxième fréquence peut correspondre à la fréquence propre de la suspension de la voiture qui doit se situer entre 80 et 100 / min [Jurek]. Cette hypothèse confirme l'estimation de la fréquence de la séquence vidéo à 7 – 8 images / sec. La première fréquence ne peut correspondre à celle de la suspension, car cela mettrait la fréquence de la séquence vidéo en dessous de 5 images / sec.

Supposons que la fréquence de 160 / min correspond au passage des axes avant et arrière sur la même inégalité de la route. Comme l'effet des deux axes sur le *shift* et le *skew* est opposé, le temps nécessaire pour passer la distance entre les deux axes correspond à un demi cycle de cette fréquence. En prenant 2,5m pour la distance entre les deux axes, donc 5m de distance à couvrir pendant une période, l'estimation grossière de la vitesse de la voiture donne 800m / minute = 48 km/heure, ce qui semble réaliste au vu de la séquence.

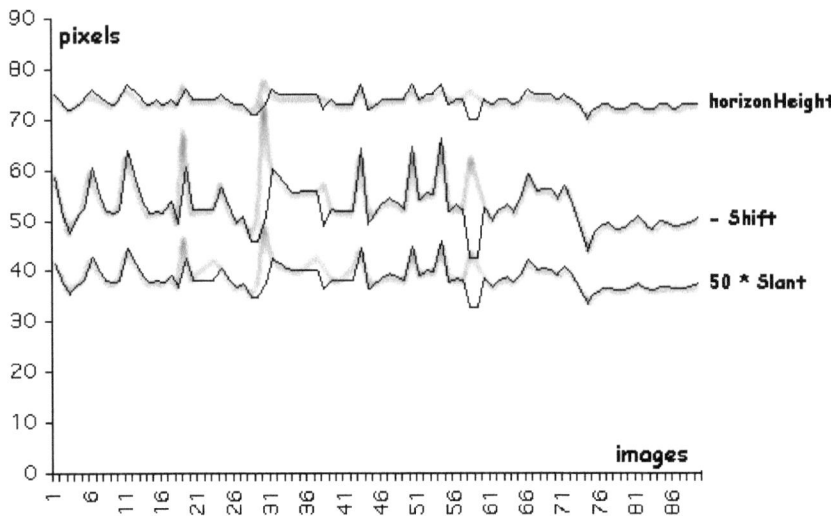

Fig. 4.19 : Les deux précédentes figures alignées sur l'axe horizontal et superposées selon l'axe vertical. La plupart du temps, la prédiction ne change pas beaucoup les estimations. Aux images 19 et 30 les écarts sont réduits de façon significative. Aux images 59-60 la prédiction a probablement augmenté les erreurs. Les prévisions étant faites sur la base des valeurs calculées à l'aide des prévisions précédentes (non représentées), la correspondance entre les paires de courbes superposées, dans le sens de la formule ci-dessus, est inexacte.

Les pics « négatifs », explicables par le passage de la roue arrière dans un creux, sont beaucoup mieux filtrés que les pics « positifs » (passage des roues de devant). Ceci confirme nos hypothèses sur la suspension.

Le procédé de filtrage n'a pas été retenu pour plusieurs raisons :
- Les délais à prendre en compte, d'après les estimations fondées sur les fréquences de résonance des paramètres en question, dépendent en partie des fréquences propres des roues et de la suspension et en partie de la vitesse, laquelle règle le délai entre le passage des roues avant et arrière sur la même inégalité de la route. Un calibrage fonctionnant à toutes les vitesses possibles aurait donc nécessité des

données et du travail supplémentaires ainsi qu'un accès à la vitesse de la voiture mesurée pendant l'exploitation.

- En évaluant qualitativement les résultats du filtrage à partir des diagrammes ci-dessus et des séquences d'obstacles en résultant et en l'absence de référence de *shift* et de *skew*, nous avons tiré la conclusion que s'il diminue vraisemblablement les erreurs d'estimation en moyenne, le maximum d'erreur n'est pas significativement meilleur qu'avec réutilisation des valeurs de *shift* et de *skew* de l'image précédente.
- De toute façon, la prévision la plus intéressante pour la mise en correspondance des images reste celle de la hauteur d'horizon et toute manipulation des autres paramètres y apporte des changements minimes.
- En plus, comme on verra en 4.2.5, une estimation d'un seul paramètre basée sur plusieurs points peut aussi réduire l'incertitude des estimations de façon satisfaisante.

Qui plus est, l'identification des fréquences de résonance varie avec la voiture. Après changement de géométrie des caméras, seul le paramètre **c** en (7) doit être estimé de nouveau.

4.2.4. Transformé de Hough

Le transformé de Hough fut d'abord testée sans projection entre image caméra et image route, sur un ensemble « aléatoire » de points (produit par un générateur de nombres aléatoires, (*linear congruential generator*) voir Donald Ervin Knuth : The art of Computer Programming, 3.2). Les résultats (Fig. 4.20 et suivante), en plus d'être satisfaisants en eux-mêmes, laissent présager que l'algorithme devrait trouver des arcs en conditions tout-terrain aussi.

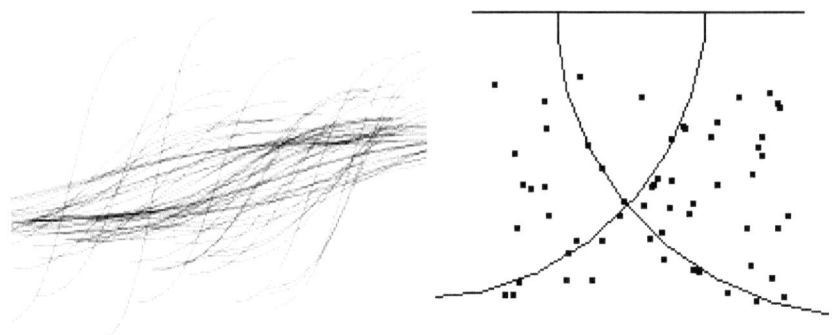

Fig. 4.20 : Expérimentation pour détecter les arcs de cercle perpendiculaires à la ligne horizontale en haut et passant par le nombre maximal (8) de points.
 À droite : ensemble aléatoire de points (et les arcs trouvés).
À gauche : contenu de l'accumulateur Hough. Il est à noter que, dû à la résolution verticale employée et à la méthode de traçage de cercles, les deux arcs affichés sont légèrement plus fermés (2 à 3 pixels sur la partie basse) que l'optimum recherché

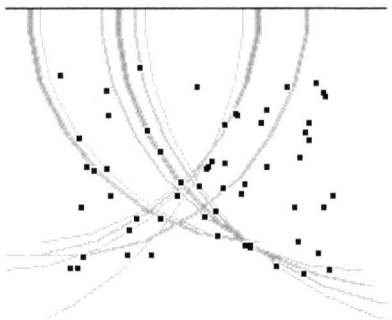

Fig. 4.21 : Même ensemble de points avec les arcs contenant au moins le maximum moins un, soit sept points

Ensuite la rétroprojection fut mise en œuvre sur les images droite de la séquence.

Pour aider à l'évaluation des images produites, nous proposons la légende suivante:

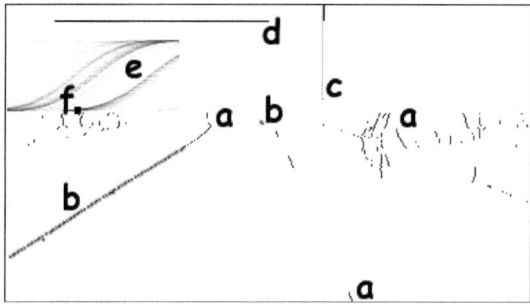

Fig. 4.22 : Légende pour illustration des arcs de cercle trouvés sur la route par transformée de Hough

a *: points de contour gauche retenus dans l'image*

b *: points sur l'arc de cercle (en plus épais, dans cette image à deux endroits)*

c *: la ligne indique la position horizontale du centre de projection, le bas de la ligne la hauteur de l'horizon*

d *: la longueur de la ligne horizontale est le compteur de points sur l'arc de cercle (un pixel par point trouvé).*

e *: le contenu de l'accumulateur de Hough en taille réelle. Sa taille horizontale détermine la résolution horizontale pour les points de départ des arcs, sa taille verticale détermine la résolution pour les courbures possibles*

f *: le point le plus foncé retenu, correspondant à l'arc de cercle. S'il est en bas dans l'accumulateur de Hough, l'arc tourne à droite. S'il est à gauche dans l'accumulateur de Hough, l'arc part du côté gauche.*

Un des paramètres à estimer est la position de la ligne de base qui contient les centres de tous les arcs trouvés. Faute de connaître la hauteur des caméras on peut toujours expérimenter et évaluer de visu les arcs produits. Ceux avec la ligne de base (l' »axe arrière ») à 65 pixels plus bas que le dessous de l'image route paraissent dans cet exemple les plus réalistes (voir Fig. 4.23).

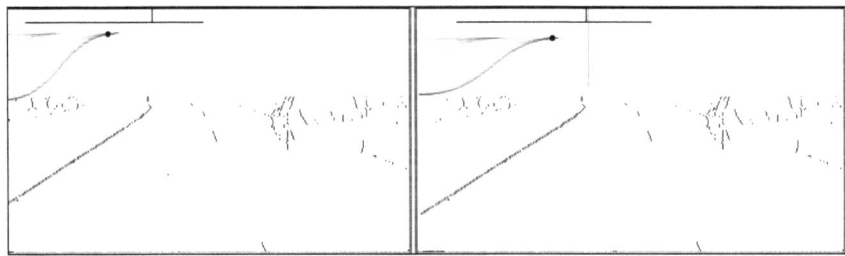

Fig. 4.23 : L'effet du changement de la distance de l'axe arrière (donc de la perpendiculaire dont partent les arcs de cercle), 55 (gauche) vs 65 (à droite) pixels (valeurs estimées, celle de droite est retenue). Notons l'interruption dans les points retenus dans l'image de gauche.

Ensuite nous testons l'utilité de mettre l'image route « en italique » i.e. déplacer le centre de la rétroprojection horizontalement. Pour ceci on considère classiquement le pire cas, la « brebis noire » des images où le marquage de milieu est le plus incliné, avec peu de points visibles. Comme il ressort de la Fig. 4.24, l'algorithme ne l'a jamais trouvé, mais il en a trouvé d'autres, même des arcs fictifs pour peu que l'on force sur le centre de projection. Comme l'arc optimal reste longtemps sur un bon arc de la route, nous concluons qu'il n'est finalement pas très important d'estimer la meilleure position pour le centre de la projection. D'autant qu'on remarquera que cet arc est encore plus incliné, mais fonctionne tout aussi bien pour donner des points à utiliser à fin d'alignement

Le cas sera cependant différent si l'on s'intéresse à retrouver le même arc dans les deux images, car à ce moment-là on pourra décaler d'une valeur fixe les deux centres de projection sur les deux images.

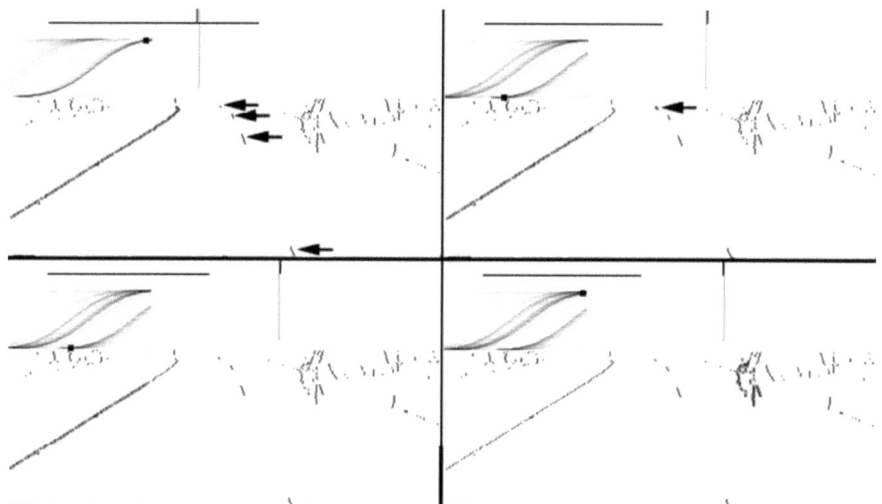

Fig. 4.24 : Effet du déplacement horizontal du centre de projection sur une image particulièrement difficile. Retrouver le marquage du milieu s'est avéré impossible pour deux raisons : d'une part, le peu de points sur cet arc, d'autre part, son inclinaison

en haut, à gauche: la position donnant le meilleur arc, coïncidant à vu avec le vrai point de fuite dans l'image

en haut, à droite: on retrouve un arc tournant à droite, passant par le marquage du milieu

en bas, à gauche: l'arc tourne encore plus à droite et ...

en bas, à droite: saute sur le côté droit, passant par les points de contour de la voiture.

Analysons rapidement quelques cas d'intérêt de l'exploitation de l'algorithme sur la séquence entière: :

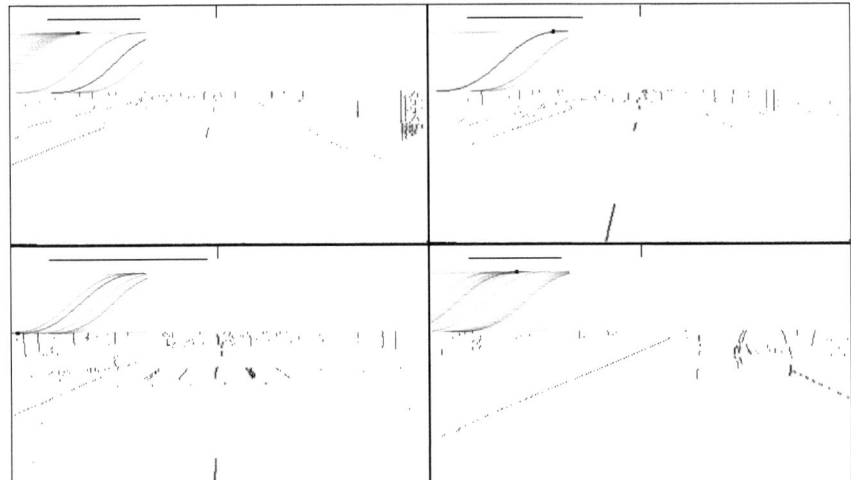

Fig. 4.25 : Images d'intérêt de la séquence (souvent l'arc trouvé est sur le bord de la route gauche) : le centre de projection est fixé au milieu de l'image et visiblement l'arc trouvé n'en dépend pas beaucoup.

en haut, à gauche: le panneau à droite a beaucoup de points de contour, il capture le meilleur arc

en haut, à droite: avec un arc tournant à gauche on rattrape une ligne droite non tangentielle

en bas, à gauche: à noter l'effet du passage clouté sur l'accumulateur de Hough

en bas, à droite: là on a trouvé l'arc sur la droite (avec quelques points de la voiture), mais comme on prend les premiers points d'en bas pour les estimations, les shift et skew seront corrects.

En fait, il importe plus de bien régler la taille de l'accumulateur de Hough qui conditionne la résolution horizontale pour les point de départ des arcs et la résolution pour la courbure de l'arc. Limiter la résolution de la courbure permet d'ailleurs de compenser le non-réglage du centre de projection mieux qu'en limitant la résolution horizontale pour les point de départ des arcs.

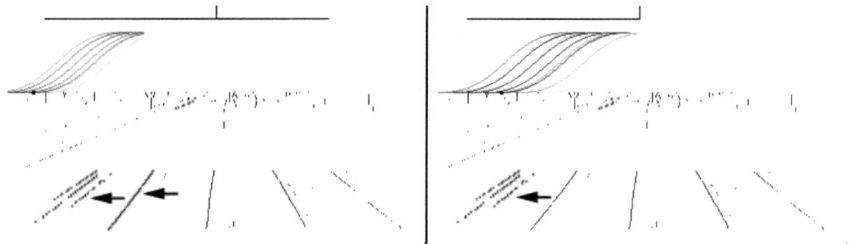

Fig. 4.26 : Effet du changement de la résolution horizontale (qui définit la résolution horizontale pour les point de départ des arcs) de l'accumulateur de Hough : à gauche, quatre lignes parallèles sont confondues dans l'arc de cercle optimal, tandis qu'à droite, avec une résolution plus élevée, seulement trois des quatre.

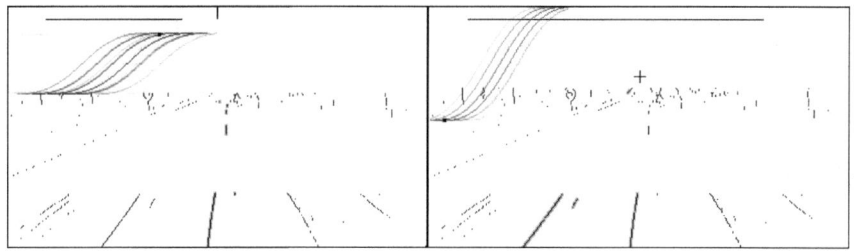

Fig. 4.27 : Sur l'image suivante on compare l'effet d'augmentation de la résolution horizontale (une seule ligne du passage clouté) à celui de la résolution verticale (courbure de l'arc) : deux lignes du passage clouté incluses mais seuls quelques points lointains à gauche du point de fuite (marqué par une croix).

4.2.5. Interdépendance du shift et du skew

Voilà une question à laquelle on voulait revenir : comment profiter de l'interdépendance entre le shift et le skew ? Rappelons que la hauteur de l'horizon se calcule en résolvant l'équation (2), cf. 3.3 :

$$\text{décalage(hauteur)} = 0 \quad , \quad (2)$$

d'où la dépendance.

En visualisant le *shift* et le *skew* par un nuage de points, on obtient la Fig. 4.28:

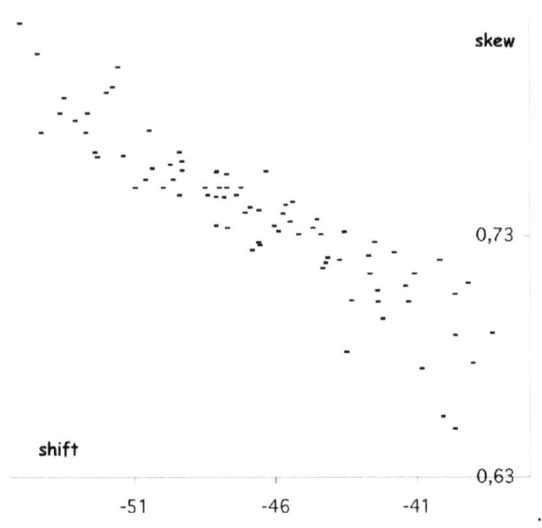

Fig. 4.28 : valeurs de shift et de skew pour les images de la séquence habituelle.

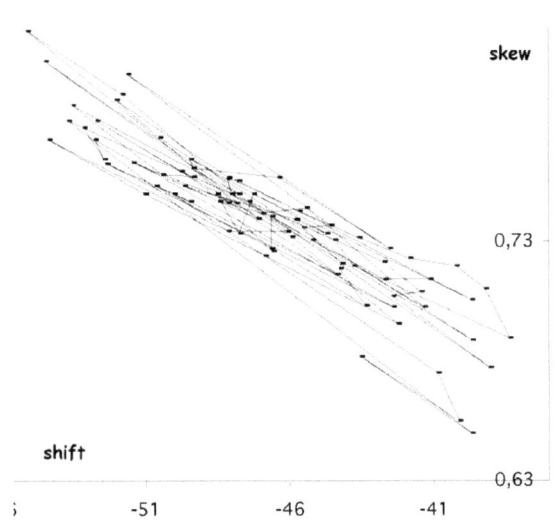

Fig. 4.29 : Les mêmes valeurs de shift et de skew en ordre temporel. Le point le plus bas correspond à l'image 73, à vitesse normale. C'est l'image suivant celle d'en bas à gauche de la Fig. 4.25, début d'une descente avec mouvement de roulis : l'estimation à un paramètre s'y égare.

À vu d'œil on devine une dépendance linéaire approximative, agrémentée de quelques points isolés. En reliant les points dans leur ordre temporel, l'image se modifie comme ci-dessus (Fig. 4.29):

En identifiant les poins isolées en bas du graphe, on se rend compte qu'ils correspondent aux images suivant celle de la Fig. 4.32 BD, à partir de l'image 73. On est en début de pente descendante, donc sur une non-planéité de route qui explique un effet de mouvement propre de la voiture du type *heave*, en plus du roulis en sortie du virage. Les variations de *shift* sont indépendantes de celles du *skew* et causent quelques faiblesses de détection d'obstacles et le décrochage de l'estimation en hauteur de l'horizon dans les conditions de la Fig. 4.32.

Les points isolés du haut sont visiblement le résultat des changements abrupts de *shift* et de *skew*, causés donc vraisemblablement par les irrégularités brutales de la route.

Pour comparer regardons le même nuage de points d'une autre séquence servant à la calibration du *shift* et du *skew*,

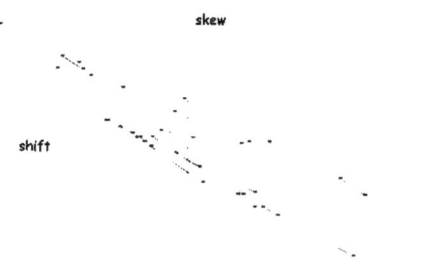

Fig. 4.30 : valeurs de shift et de skew pour les images 150-186 de la deuxième séquence. L'image 150 correspond au point tout à droite

Les images ont été choisies dans la deuxième séquence pour inclure des points de marquage dans le rectangle fixe où cette version du programme prend les points de contraste, ce sont les images 150 à 186. Comme la voiture avance beaucoup plus lentement, les changements de paramètres sont moins discontinus. On a l'impression de trois plateaux différents et pour cause, expliquée on ne peut mieux par la Fig. 4.31 :

Fig. 4.31 : images 150 et 165 de la séquence correspondante. À l'image 150 (le point le plus à droite dans la Fig. 4.30) les points de contraste dans le rectangle fixe étaient sur le trottoir, donnant un effet de heave à l'état pur. Ensuite on a pris en cible la sortie du parking, un peu plus bas (points en haut à gauche) puis on accroche sur le marquage au sol (plateau le plus bas et le plus peuplé).

Remarquons ici que la séquence est non rectifiée, l'erreur d'alignement vertical d'environ 3 pixels ne joue pas beaucoup sur la ligne continue de marquage et l'alignement horizontal est rattrapé par l'estimation de *shift*. Soulignons que dans le cas d'un marquage incliné dans l'autre sens, des erreurs d'estimation de distance pourraient résulter de ce type de rattrapage.

4.2.6. Ill-fitted contour climbing : conclusion

Voilà quelques images de détection dans la séquence habituelle, les mêmes que sur Fig. 4.25. La détection des contours fonctionne plutôt bien et permet de suivre les contours d'obstacles tout en ayant une mesure de confiance de la détection. Nous rappelons que le but du projet était de pouvoir fusionner ces résultats avec les données radar et lidar, eux plus précis en distance mais moins en position angulaire.

Fig. 4.32 : Résultat de la détection d'obstacles pour les mêmes images que sur Fig. 4.25. Comme déjà expliqué, la ligne horizontale montre la hauteur estimée de l'horizon, les tas en noir sont les contours verticaux d'obstacles détectés, leur hauteur la mesure de confiance et les points en simple épaisseur les points sur l'arc trouvé par la transformée de Hough à taille d'accumulateur d'une demi-image. Les images analysées sont aussi plus hautes, ce qui permet de voir plus de marquages vers le bas, étant donné que dans cette approche les reflets des trous de ventilation ne gênent pas.

- en haut, à gauche: Le bas du panneau semble être à la bonne hauteur, le coté gauche de son milieu non. Le haut n'est pas examiné par l'algorithme de recherche d'obstacles et le coté droit est découpé par le triangle de manque de correspondance
- en haut, à droite et en bas, à gauche: résultats satisfaisants. Le poteau du feu tricolore ne présente pas assez de contraste. Le feu du bas a été probablement mis en correspondance avec le poteau à droite.
- en bas, à droite: Même manque de contraste sur le côté droit de la voiture loin devant

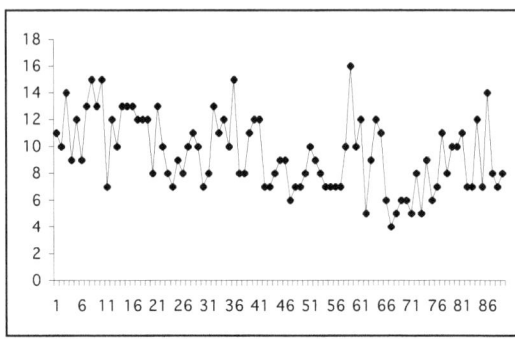

Fig. 4.33 : Valeurs de confiance sur le contour du coin arrière gauche du véhicule clair allant dans le même sens que la voiture avec le caméra, mesurée par la hauteur du « tas »

On examine la hauteur du « tas », i.e. la valeur de confiance attribuée au coin arrière gauche du véhicule devant. A travers la séquence, on constate des variations assez grandes. Celles-ci sont en partie dues au fait que les morceaux de contour à la même position verticale peuvent donner lieu à des « tas » fusionnés qui souvent doublent la taille du tas d'en bas. Un autre effet vient des erreurs d'estimation de la hauteur de l'horizon qui peut tronquer les points de contour pris en compte. Les images les plus difficiles dans la séquence, à partir de la 66i^{ème} (horizon penché et route non-plane), correspondent aux valeurs de confiance les plus basses.

5. Évaluation

En partant des cartes de disparités denses, on a fait un long chemin.

D'une part, la détection des obstacles a fait un bond en vitesse, que l'on peut cependant regretter ne pouvoir quantifier, les différents algorithmes s'exécutant sur différentes machines. L'efficacité a été augmentée en :

- divisant le nombre de points pour lesquels les disparités sont calculées par environ 100 : seuls certains points de contour sont considérés
- calculant les disparités sur des intervalles plus courts grâce à l'alignement avec la surface de route
- raccourcissant encore ces intervalles davantage grâce à l'algorithme ICC,
- réduisant la taille des fenêtres pour le calcul des disparités, en échange de la perte de la possibilité du recyclage de son contenu

tout ceci au prix de la recherche de points sur la chaussée qui implique marginalement, la plupart du temps, l'identification d'un marquage au sol, d'un bord de route ou d'un ombre.

La solution décrite ne met pas l'accent sur la segmentation ni sur le comptage des obstacles, ceci pour plusieurs raisons :

- La segmentation fondée sur la seule analyse d'image voit ses limites vite atteintes. On peut toujours regrouper les points de contour à distances égales, mais on court des risques en le faisant (voir Fig. 1.3). Améliorer le processus est possible, par exemple en utilisant les contours de dessous et dessus, que la solution proposée ne calcule pas. Mais ceci ralentit le calcul, d'autant plus en cas de nombreux obstacles. De plus, l'amélioration n'est pas garantie. En observant la Fig. 5.1 on voit aussi des contours du même obstacle qui ne sont pas à la même distance, effet qui peut confondre des méthodes de détection si elles supposent des plans verticaux et équidistants dans chaque obstacle.

- Nous avons pleinement adhéré au projet de recherche plus global qui présume plus sures les solutions multi-capteurs avec fusion de données et suivi d'objets dans le temps. Nous pensons avoir donné suffisamment de matière pour essayer différentes méthodes de fusion ou de segmentation à partir des résultats de l'algorithme ICC, même s'il n'exploite pas la hauteur des contours. La connaissance de la hauteur des obstacles permet de les inclure dans des rectangles symbolisant l'attention qu'on y porte. Mais une fois les obstacles identifiés par position angulaire et par distance, les rectangles n'améliorent en rien la sécurité de la conduite, vu que l'on regarde de préférence la route en conduisant. D'autre part, afficher les tas générés par l'algorithme ICC attire tout aussi bien l'attention sur les points cruciaux du paysage.

Il nous paraît plus intéressant de comparer les obstacles détectés par les divers méthodes. Bien que le monde est riche en exemples et contre-exemples, l'hypothèse d'un plan vertical pour chaque obstacle paraît plus forte que celle d'un contour approximativement vertical, i.e. qui peut être penché jusqu'à 45 degrés, et jouxtant le sol. Un cavalier sur sa monture et vu du dos apparaîtra, d'après la première hypothèse, comme deux obstacles à la même position angulaire et à des distances légèrement différentes, de même qu'un cycliste sera vu plus loin que la roue arrière. Les contours quasi-verticaux descendant assez bas sont assurés, même pour ces obstacles vus de profil.

La solution proposée a des propriétés de stabilité et d'exactitude agréables, grâce aux méthodes cumulatives employées aussi bien pour l'identification de la surface (par transformé de Hough, voir Fig. 4.25) de la route que dans le regroupement des points de contour (présence des tas, en apparence au point de contact de l'obstacle avec la route, voir Fig. 4.32). Elle apparaît moins sensible aux erreurs de calibration que les méthodes comparables. Dans les cas où les estimations de distance sont inexactes, une correction globale (de disparité en nombre de pixels) serait appliquée par l'étape de fusion de données.

Fig. 5.1 : Obstacle présentant des contours à des distances différentes (projetés sur les points de contact des roues avec la route). Les détections sur la route sont dues à la non-planéité de celle-ci. Une partie de la roue arrière a été coupée par le triangle de non-alignement des deux images.

5.1.1. Algorithmique, vitesse d'exécution

Au risque de décevoir d'acharnés amateurs de complexité algorithmique, nous n'exhiberons pas de calculs de temps d'exécution du type en $O(n^{\log_2(7)})$. Les algorithmes de parcours exploités sont pour la plupart linéaires. En plus, sachant que les ordinateurs modernes sont beaucoup plus rapides en calcul qu'en accès mémoire, pour évaluer la vitesse d'exécution il faudrait la déterminer en fonction de la taille du cache de différents niveaux.

De plus, on ne disposait pas d'un ordinateur rapide tel que pourrait en mobiliser une application réaliste, pour mesurer les vitesses d'exécution. On pouvait opérer des mesures sur un Macintosh (11 images / sec avec un 4400 / 160, carte processeur de 300 MHz et bus 40 MHz). Mais ayant eu l'occasion de mener des *profiling* pour de la compression d'images et de constater qu'une *procédure* qui mobilisait 84 % du temps CPU sur un Pentium en prenait 9% sur un G4 pour un temps d'exécution comparable, nous pensons que ce genre de comparaison est risquée. On procèdera donc plutôt par comparaison entre différents algorithmes.

Nous postulons comparables a priori des algorithmes revendiquant une vitesse d'exécution élevée et ayant même objectif : détection d'objets hors de la surface de la route et possédant un contour visible. On retient d'abord un algorithme monoculaire à flot optique comme [Lefaix], un algorithme stéréo exploitant à fond la géométrie épipolaire [Labayrade] et un algorithme à trois caméras [Williamson].

Celui de [Lefaix] a le grand avantage sur les autres de traiter une seule série d'images en "format demi", et l'auteur affirme en traiter une dizaine par seconde. Pour déterminer les paramètres du flot optique, supposant une route plane, il moyenne le flot dans la partie de l'image sous l'horizon. Ceci peut devenir problématique si une voiture en couvre une partie importante. Le calcul du déplacement d'un point, sous l'hypothèse qu'il est sur la surface de la route, nécessite une multiplication par une matrice. L'algorithme a les problèmes de segmentation habituels (deux obstacles équidistants dans un seul segment, grands à-plats coupés en morceaux), d'où possibles non-détections. L'analyse, en une seule image dans son cas, n'autorise aucune amélioration quant à ces problèmes.

L'algorithme de [Williamson] traite trois séries d'images de 240 * 640 pixels. Il utilise une approche "horopter" avec un modèle de route plane pour calculer les disparités horizontales, méthode dite "*Road plane stereo*". Il fait l'hypothèse que les obstacles possèdent des plans verticaux qu'il compte détecter par stéréo verticale avec le troisième caméra. Comme il doit rectifier ses images et comparer plusieurs paires d'images, ses calculs sont plus longs. La fiabilité de la mise en correspondance et l'élimination des fausses mises en correspondance sur les parties d'image périodiques sont améliorées grâce aux trois caméras. Grâce aux *bases* larges (les caméras sont installées à l'extérieur de la voiture) et à la grande largeur horizontale des images, il obtient une bonne résolution en profondeur. Sur Pentium II /400 et avec un bus de 100 MHz il déclare un temps de traitement (détection complète) de 290 msec.

Nous proposons donc en définitive une confrontation algorithmique avec le système de [Labayrade], comparable dans ses fonctionnalités et réputé fonctionner à 25 Hz. La comparaison conduira à argumenter que l'approche ICC est plus rapide.

Notation

hor   taille horizontale de l'image

ver   taille verticale de l'image

PtCont   nombre de points de contour, dans le mémoire, typiquement **(0,01 * hor * ver)**.

Les étapes principales du traitement sont :

	[Labayrade]	ICC	
1	calcul de deux projections épipolaires	calcul des contours	2
3	transformé de Hough	... et du transformée de Hough, en un seul parcours de l'image	4
5	identification de la courbe de contour	identification de l'arc sur la route	6
7	segmentation des points restants par profondeur	calcul de shift/skew, hauteur de l'horizon des quelques points retenus	8
9	parcours des deux images et identification des points correspondants dans les projections. Calcul des min / max par tranches de distance	parcours des points de contour dans un image, calcul de disparité / horopter, remontée sut les points connexes, dessin des "tas"	10
11	affichage des rectangles correspondants	Parcours des "tas" pour générer la liste des valeurs (position, distance, confiance)	12

Fig. 5.2 : Comparaison des étapes de calcul entre [Labayrade] et l'algorithme ICC

Faisons la comparaison des zones de mémoire parcourues et des calculs à effectuer suivant les lignes de la Fig. 5.2.

1. nécessite le parcours des deux images, avec écriture dans deux autres (plan sagittal et vue de dessus), de taille environ 1/2 * hor * ver. Les calculs utilisent des multiplications.

2. parcours d'une image et calcul des deuxièmes différences ligne par ligne, écriture dans une image de taille hor * ver.

3. parcours d'une projection épipolaire (plan sagittal), écriture dans un accumulateur de Hough, de taille env. 1,5 ver * 0,5 * hor. Les sinusoïdes

traversent tout au long de l'accumulateur. Le nombre de dessins égale le nombre de points d'obstacles identifiés dans la projection sagittale (environ PtCont) à laquelle s'ajoute la surface de la route.

4. écriture dans un accumulateur de Hough, de taille (1 / 6 * ver * hor). Il n'y a pas de lecture, l'écriture se faisant lorsqu'un point de contour est trouvé en 2, pour 1 / 2 * PtCont points (contours gauches) avec autant de retroprojections. Cet étape peut donc être incorporé en 2, même si l'impléméntation présente il est exécuté séparément, pour regrouper les opérations relatives à la transformée de Hough.

5. parcours de l'accumulateur de Hough, de taille environ (1,5 ver * 0,5 hor), dans le cas d'une route supposée plane, recherche d'une ligne d'intensité maximale sinon.

6. parcours d'une partie basse de l'image des contours pour trouver 5 points sur l'arc. La vérification de la correspondance avec un point dans l'accumulateur de Hough est très rapide par rapport au dessin d'une courbe. Dans un cas moyen, parcours de (1 / 6 * ver * hor) points et vérification de 20 points.

7. parcours de l'accumulateur de Hough, de taille env. 1,5 ver * 0,5 * hor.

8. calcul de *shift* à partir de 5 points (disparité avec une fenêtre de 15 pixels sur un intervalle de disparités long de 11), élimination des deux extrêmes, calcul de *skew* et de la hauteur de l'horizon

9. parcours des deux projections (taille : ver * hor) en recherchant les points correspondant à même distance. Pour chaque tranche de distance les valeurs min et max sont gardées dans les dimensions horizontale et verticale des images d'origine.

10. parcours de l'image des contours (taille : ver * hor). Pour les points de contour (en nombre PtCont) calcul des disparités sur la réunion de deux intervalles (disparité du point de dessous et disparité dans la surface de la route alignée), dessin des tas dans la nouvelle image. Le dessin des tas a une composante de

temps quadratique avec la hauteur des tas, mais les tas dépassent rarement 8 pixels.

11. affichage (ou transmission) des résultats
12. parcours de l'image des tas (taille : ver * hor) nécessaire pour l'affichage (ou transmission) des résultats.

En conclusion, en 1 - 2 la méthode gagne un parcours d'image et elle le reperd en 11 - 12. À part cela, les calculs nécessaires sont moindres, ligne par ligne dans la Fig. 5.2 et en particulier dans les étapes 1 – 2 le calcul des deuxièmes différences est beaucoup plus rapide que la transformation épipolaire des images, nécessitant des multiplications de matrices.

On en conclut qu'en vertu des différences notamment en 7 – 8, l'algorithme ICC peut fonctionner à une vitesse supérieure à 25 Hz sur processeur équivalent à [Labayrade] i.e. Pentium / 800.

5.2. Calibrage

Pour que le système soit exploitable sur une configuration donnée voiture / placement de caméras / caméras, il est nécessaire de décrire son processus d'étalonnage avant mise en œuvre.

La calibration procéde en deux étapes. D'abord, on met en œuvre le système de détection qui utilise deux points de contraste éloignés sur la route dans un rectangle fixe (cf. Fig. 4.31) et on utilisera ses résultas pour calibrer le système qui exploite la dépendance entre les valeurs de *shift* et de *skew*.

Les valeurs à régler pour l'étalonnage se trouvent dans le fichier conf.h, dans les deux versions du programme.

D'abord on règle la taille des images et les indices dans la séquence à traiter. Ensuite, sur une paire d'images « moyennes » en termes de mouvement de la voiture, prises avec les caméras approximativement alignées, donc à 3 – 4 pixels près verticalement et horizontalement, on identifie deux points des marquages au sol, verticalement éloignés, et on mesure leurs positions verticales ainsi que leur décalage horizontal dans les deux images ; on les stockent dans les constantes **VER0**, **VER1**, **HORdif0** et **HORdif1**, des deux versions du programme.

Ensuite on analysera une séquence avec marquage au sol apparaissant dans le rectangle visible en Fig. 4.31, selon la version « à deux points » du programme qui écrira les valeurs de *shift* et *skew* calculées dans le *error stream*. On en récupère une cinquantaine dans un tableur (en remplaçant les points décimaux par les virgules décimales) et on les visualise en nuage de points comme en Fig. 4.29 ou 4.30. Il est possible de séparer par examen visuel les nuages de points qui viennent des perturbations comme un bord de trottoir pris pour la surface de la route. Sur le reste, on aligne une droite. La régression linéaire est une excellente technique pour le faire, mais elle nécessite une classification formelle. Étant donné qu'il s'agit de trouver des valeurs approximatives, l'on a jugé plus utile de choisir deux points caractérisant l'ensemble : ces deux points-là engendrent la droite.

Les deux paramètres de cette ligne iront dans les paramètres de la deuxième version du programme, la valeur de skew pour shift = 0 dans **slantDecal** et l'inclinaison dans **slantFact**. Si l'on dispose des valeurs limite avveptable pour le shift, on peut les mettre dans **maxSh** et **minSh**, dans le code de motion.c . Avec ces modifications, le programme doit pouvoir détecter les obstacles sur route plane.

Il est possible de prendre en compte les décalages entre les deux images, s'ils sont importants. Un décalage vertical résulte en points de contour détectés sans possibilité de mise en correspondance. En cas de marquages sur la route, perdre quelques points au début d'un marquage est sans gravité. Les décalages horizontaux sont plus gênants dans la mesure où ils faussent l'estimation de la hauteur de l'horizon. Outre la modification des courbes recherchées sur la surface de la route, l'image des points de contour sera tronquée à la mauvaise hauteur, résultant en trop (ou trop peu) de points d'obstacles détectés.

Le seuil pour détecter les contrastes dans l'image doit être ajusté selon le type de sensibilité des caméras utilisées (linéaire ou logarithmique). En installant le système dans une voiture, ce calibrage informatique peut être effectuée si les caméras ne sont pas livrées solidaires et alignées. En supposant que les caméras ne se désalignent pas, le système ne nécessite pas d'autre maintenance.

5.3. En résumant

Nous disposons d'un système de détection de contours d'obstacles qui est mal adapté au comptage d'obstacles mais très orienté fusion de données ultérieure. La complémentarité des capteurs est seul moyen sûr d'abaisser le taux d'erreurs de la détection à notre avis. Le système fonctionne bien et à vitesse satisfaisante sur route plane. Il mobilise deux points d'intérêt par image, suffisamment éloignés verticalement. Nous avons montré comment l'améliorer sur route plane en n'utilisant qu'un seul pixel de contour et la dépendance entre les paramètres d'alignement stéréoscopique. La mise en route de ce système amélioré nécessite l'autre version, à deux points, pour calibrer les valeurs de la dépendance. Ce calibrage, exploitant la régression sur un nuage de points issu d'une séquence, réalise un filtrage. À partir de là, notre système n'utilise plus de dépendance temporelle entre les images à analyser, ce qui lui assurera un bon fonctionnement lors de changement rapide comme un tête-à-queue. Cela présume également d'une plus grande indépendance vis-à-vis des données d'autres capteurs, éventuellement filtrés.

Le système est encore améliorable pour routes non-planes et nous avons suggéré comment le faire, mais alors plus de deux pixels sont nécessaires. Comme produit dérivé nous avons obtenu un système de détection de marquages et de bords de route avec des possibilités d'amélioration également expliquées ci-dessus.

6. Prévisions et conclusion

On a proposé une méthode de détection d'obstacles, plus orientée "intégration dans un système multi-capteurs" que destiné à une exploitation solitaire. La solution offre beaucoup de possibilités d'amélioration suivant l'usage que l'on envisage d'en faire.

6.1. Améliorations à envisager

6.1.1. Cartes de disparité : reste à faire…

Pour sauver la méthode de prédiction des cartes de disparités, et nous pensons qu'elle peut l'être, on doit envisager les apports suivants en vue d'éliminer ses causes d'échec :

- Transposer la méthode en système de détection actif par projection d'une grille dans le champ de vision, par exemple peut être en infrarouge. Ceci pallierait l'absence de points de contraste dans l'image. Le système ne verra que mieux en face d'une autre voiture utilisant le même système.

- Relier un parallélogramme des caméras au trapèze de direction pour garder le point de fuite dans l'image

- Au cas où le problème d'affinement de la prédiction serait résolu, utiliser le système pour détecter les objets qui ont un mouvement propre par rapport à la route. Ceci constitue un autre critère pour définir les obstacles à détecter, en plus du fait de déparer avec la carte de disparité de la surface de route. Ce mouvement propre donnerait une détection plus sélective que celle du flot optique.

- Notons qu'en utilisant le système pour regarder en arrière, les erreurs de prédiction seraient réduites. La nécessité de re-calcul d'une partie de la carte de disparité sans prédiction réintroduite disparait.

6.1.2. Ill-fitted contour climbing : reste à faire...

Les possibilités pour améliorer la méthode sont nombreuses.

Pour améliorer l'exactitude des estimations de distance :

- Les gyroscopes sont à la mode dans les voitures dotées de vision. Notre approche exploitant la dépendance des paramètres *shift* et *skew* permet d'éliminer les effets du tangage, il serait encore utile d'éliminer les effets du *heave* et du roulis. Pour ceci un accéléromètre (dans les deux sens perpendiculaires au mouvement de la voiture) serait plus utile et moins onéreux qu'un gyroscope.
- Des données supplémentaires (vitesse, distance entre les axes, fréquence propre de la suspension) permettraient de calibrer un système de prédiction pour la hauteur de l'horizon qui fonctionne dans une large gamme de vitesses. Ceci serait utile pour les applications où l'on n'exploite pas l'interdépendance du *shift* et du *skew*, comme sur routes non-planes.

Pour étendre le fonctionnement de la détection aux routes non planes :

- Notons avant tout que le système fonctionne parfaitement sur route plane inclinée. Sur une route dont la pente varie, utiliser plus de deux points identifiés "route" pour approximer le profil de surface est possible, mais nous anticipons deux problèmes. D'une part, celui de garantir des points suffisamment denses sur la route pour avoir une bonne approximation. D'autre part, celui de trouver le type d'approximation qui convient pour extrapoler des quelques points de la route, distribués de façon équidistante, en la hauteur de l'image caméra. On pourrait envisager une approximation de type contrôle flou qui garde les limites constatées dans les points connus. Quelle serait l'exactitude de la méthode pour situer la position des points d'inflexion dans le profil de route ? Ces problèmes cependant ne paraissent pas insolubles.

Pour rendre plus performante la recherche des points en arcs de cercle sur la route :

- Il serait utile d'exploiter la possibilité de décalage du centre de rétroprojection sur la route dans la direction horizontale, qui met l'image route

« en italique ». Comme on peut identifier si la courbe dessinée dans l'accumulateur de Hough passe plutôt à droite ou plutôt à gauche d'un point visé, et ceci séparément pour les points hauts et bas dans l'image caméra, on peut en tout cas estimer le décalage souhaitable. Ceci permettrait de trouver des arcs d'une étendue verticale plus grande qui seraient plus efficaces pour identifier les marquages et planifier une trajectoire ou une modification de la vitesse.

- On peut aussi donner plus d'importance aux points plus lointains (en fonction de leur distance verticale à l'horizon de l'image précédente) en « appuyant plus le crayon», c'est-à-dire en augmentant l'incrément dans l'accumulateur.

6.1.3. Détection de marquage

On peut sérieusement considérer l'emploi de la détection des arcs de cercle pour la détection de marquages au sol ou du bord de route. La version actuelle présente, quelques inconvénients :

- on ne sait pas distinguer un marquage d'un contour quelconque
- la sensibilité est différente pour les contours droit et gauche
- la permanence n'est pas garantie : on saute d'une ligne à l'autre suivant le nombre des points trouvés.
- Le procédé est moins sensible aux parties lointaines d'une ligne, plus petites sur l'image caméra.

Pour le rendre utilisable comme détecteur de ligne, on peut le modifier assez facilement. Le principal trait distinctif d'un marquage correct, en plus de sa "couleur", est sa largeur constante.

Exploiter cette largeur constante est possible. Pour cela on utilisera deux accumulateurs de Hough, un pour les points de contour gauche et l'autre pour les points de contour droit. Si l'on constate la présence d'un maximum local significatif dans l'accumulateur gauche, donc d'un arc sur les contours gauche, et la présence du même arc sur les contours droit, i.e. une valeur forte locale dans l'accumulateur de

Hough droit, décalée de la largeur de marquage dans le plan route, la certitude d'être en présence d'un marquage est accrue.

Cette approche demanderait d'augmenter, et de beaucoup, la résolution de la transformée de Hough. Il paraît plus simple et plus rapide d'exiger la présence d'un arc de points de contour gauche et d'un arc de points de contour droit correspondant au même point dans les accumulateurs gauche et droit. Pour trouver les meilleurs arcs « gauche-droit » on peut chercher les maxima dans les produits point par point des contenus des deux accumulateurs.

De la même manière, pour trouver les marquages de plusieurs files, on peut identifier des maxima dans la ligne de l'accumulateur « produit » ci-dessus dont la somme est maximale (ce qui donnera des arcs de même courbure) ou utiliser la distance horizontale dans l'accumulateur de Hough qui correspond à l'écartement typique des marquages prise comme période pour guider la recherche dans ledit accumulateur.

Pour augmenter les chances de rester sur le même arc on peut user de l'hypothèse la courbure de marquage, dans la plupart des cas (sauf en entrée de rond-point ou d'intersection), ne varie que lentement. En donnant plus de poids à la ligne maximale de l'image précédente et à son environnement de recherche de la ligne à somme maximale, on obtient un effet stabilisateur sur les lignes détectées.

La méthode est ainsi riche en possibilités encore non exploitées.

6.2. Recadrage

Le système présenté transforme des paires d'images stéréo sans gros défauts d'alignement en contours d'obstacles détectés, avec position angulaire, distance et mesure de confiance. Il est optimisé pour la vitesse en pire cas, robuste, et exploite la séquence sans dépendance temporelle entre les images.

Le passage de leurs contours aux obstacles eux-mêmes est certainement jouable avec les algorithmes d'appariement connus, dont le coût en calcul et le taux d'erreurs sont connus également. Cependant, un algorithme de fusion de données de différents capteurs, exploitant forces et faiblesses de ces capteurs, devrait être mieux en mesure d'identifier et compter les obstacles, tout comme c'était prévu dès le début du projet.

En fonction des algorithmes de fusion employés, note système peut alimenter une fusion probabiliste pour formuler des hypothèses de présence d'obstacles dans telle région aussi bien qu'une fusion à gestion explicite d'hypothèses pour identifier et suivre les objets.

6.3. Perception

Konrad Lorentz, dans son essai sur la définition de l'instinct, consacre un passage à décrire pourquoi il a mené la plupart de ses expérimentations sur des oies et des choucas. La raison principale en est la grande similarité de leurs organes sensoriels avec ceux des humains. En d'autres termes, ils voient, entendent etc. ni plus ni moins que les hommes.

L'importance de ce critère est soulignée par ce qui est arrivé à un autre chercheur qui nourrissait ses chauve-souris avec des vers. Il s'est aperçu que les chauves-souris se souvenaient très exactement de l'endroit où il laissait traîner la boîte contenant les vers, même quand lui-même ne s'en souvenait plus. En chercheur systématique, il passa six mois en expérimentations à tester le mémoire de ses chauves-souris et à en écrire des publications avant de découvrir que les vers, en grignotant, émettent des ultrasons qui sont audibles pour celles-ci.

Pourquoi ce détour ? Parce qu'en introduisant des systèmes incompatibles avec la perception humaine, on court des risques autrement plus intéressants. Pourra-t-on se coller, dans le brouillard, à une voiture équipée d'un système qui permet d'aller plus vite ? Certains le feront pour découvrir que le système était désactivé et le conducteur ivre. Quand les règles de circulation deviendront-elles différentes pour les voitures équipées de tels ou tels systèmes d'aide à la conduite ? Faudra-t-il se méfier de telle marque de voiture, susceptible en hiver de donner des coups de frein devant les bouches de canalisation ? On fait bien évidemment référence ici aux capteurs infrarouges pour détecter les piétons de [Tsuji]. Aura-t-on , pour les véhicules automatiques, des marquages au sol réfléchissant une longueur d'onde spécifique invisible aux humains, mais aussi des petits malins qui les repeignent avec déviation vers le fossé ? Finira-t-on par construire des autoroutes séparées pour véhicules automatiques, en laissant les vieilles routes aux automobilistes humains désireux de choisir leur vitesse, ayant appris à estimer la vitesse sure par eux-mêmes et soucieux de maintenir leur expertise de conduite ? Ira-t-on alors jusqu'à maintenir les marquages au sol en état bien visible ?

Le futur le dira. Peut-être la prochaine génération de processeurs nous autorisera-t-elle à traiter des images couleur. En attendant, nous pensons prudent de garder à l'esprit les risques encourus en employant des systèmes de perception dont les capacités diffèrent largement de celles des conducteurs humains, avec des capacités algorithmiques nettement inférieures. À défaut de trouver les bonnes interfaces (à la manière de ceux des pilotes de chasse ?) les systèmes de perception les plus performants restent inexploitables et s'ils devenaient exploitables, ils peuvent rendre un mauvais conducteur encore plus dangereux pour les autres.

Sans vouloir scier la branche sur laquelle les efforts algorithmiques s'assoient, il nous paraît prudent d'insister sur la nécessité d'une vision globale du système de conduite automatisé, de son usage et de sa coexistence avec les conducteurs humains.

7. Références

[Aguado] Progressive linear search for stereo matching and its applications to interframe interpolation   A.S. Aguado, E. Montiel   Computer Vision and Image Understanding 81(1) January 2001, pp.46-71,

[Baram] Obstacle detection by recognizing binary expansion patterns   Baram, Yoram (Technion-Israel Inst of Technology) Barniv, Yair (NASA/Ames Research Center)   Tansactions on Aerospace and Electronic Systems   Volume: 32 (1996) Issue: 1 Page: pp 191-198
http://vision.arc.nasa.gov/personnel/yair/binary.html

[Bar-Shalom] Tracking and data association.   Y. Bar-Shalom, T.E. Fortmann   Academic Press, Boston, London, 1988.

[Baten] Techniques for Autonomous Offroad Navigation   Baten, Mandelbaum, Lützeler, Burt, Dickmanns   IEEE Expert 1998

[Bertozzi 1] Real-Time Lane and Obstacle Detection on the GOLD System - Intelligent ...   Massimo Bertozzi, Alberto Broggi - Dipartim
http://www.ce.unipr.it/people/broggi/publications/iv96.pdf

[Bertozzi 2] Stereo inverse perspective mapping: theory and applications   Massimo Bertozzi, Alberto Broggi, Alessandra Fascioli - Dipartimento di Ingegneria dell'Informazione, Universita` di Parma, Parma, Italy   Image and Vision Computing 16 (1998) 585–590

[Betke] Real-time multiple vehicle detection and tracking from a moving vehicle   Betke, Haritaoglu, Davis   Machine Vision and Applications 2000 pp. 69-83

[Blackman] Design and Analysis of Modern Tracking Systems   S. Blackman, R. Popoli   Artech House 1999

[Carlson] Object detection using model-based prediction and motion parallax   S. Carlson, J. Ecklundh   ECCV, 1990

[Carsense] Carsense project
http://www.equipement.gouv.fr/recherche/rst/transport/t43.htm

[Coherent]   Obstacle detection/avoidance   Coherent Technologies
                www.ctilidar.com/applications/obstacle_detection.htm

[Faugeras]   Three-dimensional computer vision : a geometric viewpoint   Olivier
                Faugeras   Cambridge, Mass. [u.a.] : MIT Press, 1993.

[Jenkin]   Active stereo vision and cyclotorsion   M.R.M. Jenkin, J. Tsotsos
                CVPR 1994, pp. 806-811

[Jurek]   Automobilok   Jurek Aurél   Műszaki Könyvkiadó, Budapest 1963 p.
                466

[Labayrade]   Real Time Obstacle Detection on Non Flat Road Geometry through
                `V-Disparity' Representation   Raphael Labayrade, Didier
                Aubert, Jean-Philippe Tarel   http://www-
                rocq.inria.fr/~tarel/iv02.html

[Lefaix]   Motion-based Obstacle Detection and Tracking for Car Driving
                Assistance   Gildas Lefaix, Eric Marchand, Patrick
                Bouthemy - IRISA - INRIA Rennes - Campus de Beaulieu,
                35042 Rennes Cedex, France
                http://www.irisa.fr/vista/Papers/2002/2002_ICPR_lefaix.pdf

[Leger]   Obstacle detection and safeguarding for a high-speed autonomous
                hydraulic excavator   P. Leger, P. Rowe, J. Bares, S.
                Boehmke, and A. Stentz   Proceedings of SPIE Mobile
                Robots XIII, Vol. 3525, November, 1998, pp. 146-156

[Mallot]   Inverse Perspective Mapping Simplifies Optical Flow Computation
                and Obstacle Detection   Mallot, HA, HH Bülthoff, J. Little
                and S. Bohrer   Biological Cybernetics 64, 177-185 (1991)

[Mandelbaum]   Real-time stereo processing, obstacle detection, and terrain
                estimation from vehicle-mounted stereo cameras   R.
                Mandelbaum L. McDowell L. Bogoni B. Reich M. Hansen -
                Vision Technologies Laboratory - Sarnoff Corporation, CN
                5300, Princeton, NJ 08543
                http://www.sarnoff.com/search/tech_papers/pdf/98mand.pdf

[MAPS]   "Mines Automotive Prototyping System",
                http://www.intempora.com/,
                http://caor.ensmp.fr/FR/Actualites/optionRobotique01.html

[Matthews]   A Mathematical Framework For Robust Obstacle Detection Using
                Feature Matching   Matthews, N.D. and Greenway, P.
                Proceedings 1st Int. Workshop on Intelligent Autonomous

	Vehicles(1993), pages 133--138 http://eprints.ecs.soton.ac.uk/archive/00000365/
[Mundhenk]	Simple Obstacle Detection to Prevent Miscalculation of Line Location and Orientation in Line Following using Statistically Calculated Expected Values T. Nathan Mundhenk, Michael J. Rivett, Ernest L. Hall1 - Center for Robotics Research, ML 72 - University of Cincinnati - Cincinnati, Oh 45221 http://_www.robotics.uc.edu/papers/paper2000/obstacle.PDF
[Nasa1]	Rover Stereo Vision http://robotics.jpl.nasa.gov/tasks/scirover/technology/stereo/homepage.html
[Nasa2]	3D-Aware Obstacle Detection http://robotics.jpl.nasa.gov/tasks/terrainClass/3DOD.html
[Nasa3]	Vision based obstacle detection an path planning for planetary ... http://robotics.jpl.nasa.gov/people/jnorris/AeroSense99.pdf
[Nishihara]	Practical realtime imaging stereo matcher H.K. Nishihara Optical Engineering, 1984 october
[Novick]	Implementation of a Sensor Fusion-Based Obstacle-Detection Component for an Autonomous Outdoor Vehicle D. Novick, C. Crane, D. Armstrong Center for Intelligent Machines and Robotics - University of Florida - Gainesville, FL http://www.me.ufl.edu/~dkn/papers/fcrar2002.pdf
[Olson]	Constrained Obstacle Detection and Avoidance AV1 Curtis Olson ME 5271 - Robotics Winter Quarter, 1994 http://www.menet.umn.edu/~curt/research/navsim/navsim.html
[ONVVC]	Obstacle negotiation and Vehicle velocity control http://robotics.jpl.nasa.gov/tasks/terrainClass/on.html, http://www.sarnoff.com/search/tech_papers/pdf/98mand.pdf
[Roh]	Obstacle Detection and Self-Localization without Camera Calibration Using Projective Invariants Kyoung Sig Roh, Wang Heon Lee, In So Kweon Dept. of Automation and Design Eng., KAIST

[Roy] Stereo without epipolar lines: a maximum-flow formulation S. Roy International Journal of Computer Vision 34 (2/3) 1999, pp. 147-161

[Salgiani] Electronically directed 'Focal' stereo G. Salgiani Proc. 5th Intl Conf Comp. Vision IEEE Piscataway N.J. 1995 pp. 97-101

[Se] Stereo Vision-based Obstacle Detection for Partially Sighted ... Stephen SE, Michael Brady http://www.cs.ubc.ca/spider/se/papers/accv98.pdf

[Singh] Obstacle Detection for High Speed Autonomous Navigation Sanjiv Singh, Paul Keller - Field Robotics Center, Carnegie Mellon University - Pittsburgh PA 15213 http://www.frc.ri.cmu.edu/~ssingh/pubs/icra91.pdf

[Steinkraus] Optical Flow for Obstacle Detection in Mobile Robots Kurt Steinkraus & Leslie Pack Kaelbling, Artificial Intelligence Laboratory - Massachusetts Institute of Technology - Cambridge, Massachusetts 02139 http://www.ai.mit.edu/research/abstracts/abstracts2001/vision/12steinkraus.pdf

[Sull] Model-based obstacle detection from image sequences S. Sull, B. Sridhar http://www.computer.org/proceedings/icip/7310/volume2/73102647abs.htm

[Suppes] Robust Obstacle Detection from Stereoscopic Image Sequences Using Kalman Filtering Alexander Suppes, Frank Suhling, Michael Hötter http://www.fh-hannover.de/amis/DAGM2001.pdf

[Swedetrack] Some Theory behind Obstacle Detection http://www.swedetrack.com/obstac.htm

[Taraglio] A practical use of cellular neural networks: the stereo-vision problem as an optimisation S. Taraglio, A. Zanela Machine Vision and Applications 11(5) 2000, pp. 242-251

[Toro] Vision-Based Obstacle Detection for the Toro Riding Lawnmower http://www.cs.cmu.edu/afs/cs.cmu.edu/user/parag/www/research/toro/toro.html

[toshiba] Obstacle Detection, SPIRIT computer vision technology http://www.spiritcorp.com/obstacle.html

[Tsuji] Development of night vision system   Takayuki Tsuji, Hiroshi Hattori et al.   (Manuscript the author reviewed for the IEEE Transactions on Intelligent Transportation Systems)

[Ulrich] Appearance-Based Obstacle Detection with Monocular Color Vision   I. Ulrich and I. Nourbakhsh   Proceedings of AAAI 2000, 2000

[Valentinotti] A hybrid approach for stereo disparity computation   F. Valentinotti, S. Taraglio   Machine Vision and Applications 1999, pp. 161-170

[Watanabe] Obstacle Detection System with Stereo Vision   WATANABE Mutumi , ONOGUCHI Kazunori , ASADA Haruo - TOSHIBA Research and Development Center   IPSJ SIGNotes Computer Vision Abstract No.058 - 005   http://www.ipsj.or.jp/members/SIGNotes/Eng/06/1988/058/article005.html

[Williamson] A high-performance stereo vision system for obstacle detection   Todd A. Williamson   www.cs.cmu.edu/~toddw/Thesis.pdf

[Yu] Stereo-vision Based Real time Obstacle Detection for Urban Environments   Quian Yu, Helder Araujo, Hong Wang   submitted to ICAR2003, Coimbra

[Zhou] Artificial neural networks for computer vision   Y.T. Zhou, R. Chellappa   Springer 1992

7.1. Autres :

Georges Gyory   Obstacle detection methods for stereo vision as driving aid   Proc. IEEE ICAR (International Conference on Advanced Robotics,   30 juin – 3 juillet 2003, Coimbra, Portugal),   pp. 477-481

Personne encadrée : M. Fabien Robert
(École des Mines, 4e année pendant 3 mois en été 2001

8. Annexes

8.1. Planches de contacte des séquences utilisées

8.1.1. Première séquence, 1 image sur 5

Légende:
0	30	60
5	35	65
10	40	70
15	45	75
20	50	80
25	55	85

8.1.2. Deuxième séquence, 1 image sur 5

Légende:
190 225 260
195 230 265
200 235 270
205 240 275
210 245 280
215 250 285
220 255 290

8.2. Divergence entre cartes de disparité denses et prédites

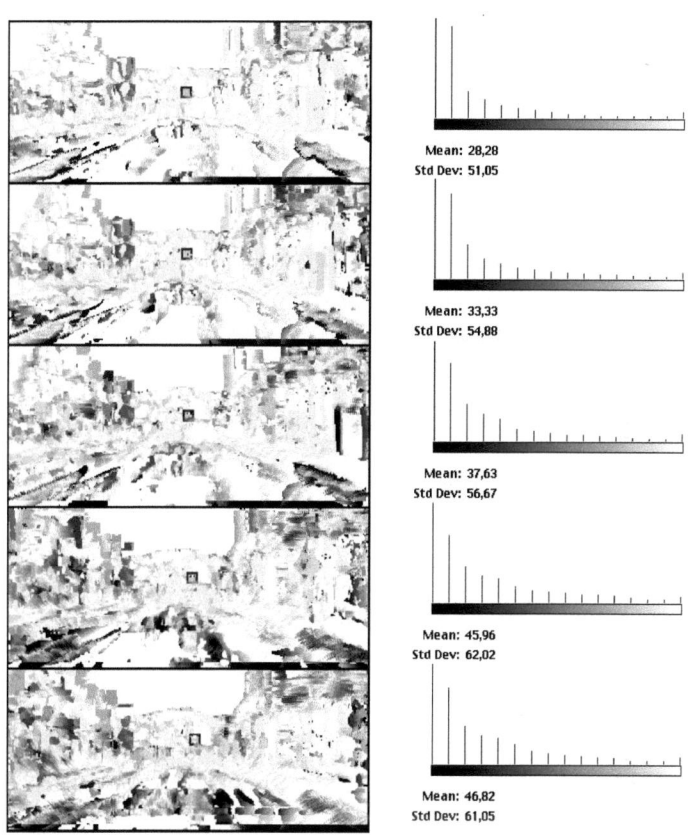

👁 *Les images de gauche sont la différence (blanc = identique) entre les cartes de disparités denses calculées indépendamment et réputées correctes (voir Fig. 2.4), et les cartes prédites par expansion linéaire sur les aires où les cartes de disparités denses possèdent un optimum significatif, 1, 2, 4, 7, et 10 expansions du haut vers le bas dans la figure. La dernière image est peu significative, au vu des erreurs de mise en correspondance sur le passage clouté.*

À droite, les histogrammes des images avant inversion. L'augmentation de la moyenne des couleurs des pixels dans les images montre la divergence de la prédiction.

8.3. Code

On présente ici, pour illustration, les constantes provenant de la calibration, utilisant le programme qui s'appuie sur deux points détectés (voir Fig. 4.12, programme non présenté ici), des deux positionnements de caméras :

```
/*   */
//           Lab seq12
#define NBMIN        0              //number of first image for the sequence
#define NBMAX        89             //number of last image for the sequence
#define       imgXSize    380       //  camera img size for Load/SaveImg2
#define       imgYSize    289
#define WIDTH        380            //number of columns of the image
#define HEIGHT       230            //number of lines of the image, 185-
             230
#define FILEinL      "seq12G00000.PPM"
#define FILEinR      "seq12D00000.PPM"
#define FILEout      "Lab12out00000.pgm"
#define FILEout2     "Lab12out2-00000.pgm"
#define       VER0        133
#define       VER1        92
#define       HORdif0     53
#define       HORdif1     18
#define slantFact        -0.010869579
#define slantDecal        0.195651153
#define shEstINIT        -51
#define shEstMin         -50
#define shEstMax          50

/*
//           MKais
#define NBMIN        170            //number of first image for the sequence
#define NBMAX        270            //number of last image for the sequence
#define       imgXSize    364       //  camera img size for Load/SaveImg2  (Mac)
#define       imgYSize    266
#define WIDTH        364            //number of columns of the image
#define HEIGHT       265            //number of lines of the image
#define FILEinL      "mk11ResL-00000.pgm"
#define FILEinR      "mk11ResR-00000.pgm"
#define FILEout      "mk11out00000.pgm"
#define FILEout2     "mk11out-2-00000.pgm"
#define       VER0        179
#define       VER1        230
#define       HORdif0     31
#define       HORdif1     -1
#define slantFact        -0.004706563
#define slantDecal        0.121410841
#define shEstINIT        160
#define shEstMin         100
#define shEstMax         250
*/
                              // part of image to write as disparity map
#define       mapMinX     0
#define       mapMinY     0
#define       mapMaxX     WIDTH
#define       mapMaxY     (mapMinY + HEIGHT)
```

motion.cp **est le fichier de traitement des images, installées dans les blocs** *workbufLeft **et** *workbufRight. **(Il est écrit en C, mais nous utilisons un compilateur de C++.)** SterVis **réalise la détection et le dessin des « tas », en faisant intervenir les fonctions de** Hough.cp **. Mark sert à dessiner les rectangles dans l'image,** MatchHorEnv **et** confDispArray **corrigent les disparités estimées sur un ensemble continu ou non.**

```
/*
 * Georges Gyory, INRIA     2001 - 2002
 */

#include <math.h>
#include <stdlib.h>
#include <stdio.h>

#include "const.h"

#define shiftMemSize        6
#define verToAvoid          92

extern          int     nb;

short           houghVerHor[HEIGHT], horizonHeight;
float           shEstTrace[shiftMemSize];
float           shEst, shEstS[shiftMemSize];

void SterVis (unsigned char *workbufLeft, unsigned char *workbufRight);
inline int difPix (int a);
inline int MatchHorEnv (unsigned char *workbufRight, unsigned char *workbufLeft,
                        int hor, int ver, int dispIn);
inline int confDispArray (unsigned char *workbufRight, unsigned char
                *workbufLeft,
                        int hor, int ver, unsigned char *dispIn);
void mark (int row, int col, unsigned char *a);

extern          char*   NameIt (char *name, int num);
extern          int SaveImageRect (char *Name, unsigned char *data);
extern          int SaveImageRectC (char *Name, unsigned char *data, unsigned
                        char *workbufG,
                        unsigned char *workbufB);
extern          void    HoughAnal (unsigned char *workbufLeft, unsigned char
                *workbufRight, short houghVerHor[]);


/********      SterVis    **********/
                // handles roughly rectified stereo images, calls HoughAnal
void SterVis (unsigned char *workbufLeft, unsigned char *workbufRight)
{
int                     ver, hor, disp, bufSkew;
static          int     verLo, horDecalLo, verHi, horDecalHi, hhor0, hhor1;
                                //      disp pre-treatment coeffs
static          float   matchImgShift, matchImgSlant, ccD0, rrD0, ccD1, rrD1,
                        ccD2, rrD2;

static          unsigned char *workbufCurrent, *workbufG, *workbufB;
static          bool    ifFirst = true;
```

```
int             firstRow, difB0, difB1, difB2;
int             vertHop = 3, skewModified;

char            lowerFound = 0;
short           verBuf, decalBuf;


                /******    init       ********/
verLo = VER0;
verHi = VER1;
horDecalLo = HORdif0;
horDecalHi = HORdif1;

if (ifFirst) {
                workbufCurrent  = new unsigned char[WIDTH * HEIGHT];
                workbufG    = new unsigned char[WIDTH * HEIGHT];
                workbufB    = new unsigned char[WIDTH * HEIGHT];
        if( workbufB==NULL ) fprintf (stderr,"workbufB: Out of memory'\n");

                shEst = shEstINIT;
                matchImgShift = shEst;
                matchImgSlant = shEst * slantFact + slantDecal;
                horizonHeight = -shEst / matchImgSlant;
for (ver = 0; ver< shiftMemSize; ver ++){               // rows
                shEstTrace[ver] = shEst;
                }

                ifFirst = false;
                }
fprintf (stderr,"img %d     ", nb);

                //    create image of edges in workbufG from workbufRight
for (ver = HEIGHT - 1; ver>= 0; ver --){                // rows
difB1 = workbufRight[ver*WIDTH + 1] - workbufRight[ver*WIDTH];
difB2 = workbufRight[ver*WIDTH + 2] - workbufRight[ver*WIDTH + 1];
workbufG[ver*WIDTH] = workbufG[ver*WIDTH + 1] = workbufG[ver*WIDTH + WIDTH - 1]
                = 128;
    for (hor = 2; hor < WIDTH - 1; hor++){              // columns
                difB0 = difB1;
                difB1 = difB2;
        difB2 = workbufRight[ver*WIDTH+hor + 1] - workbufRight[ver*WIDTH+hor];
        if (((difB2 - difB1) * (difB1 - difB0)) < 0 && abs(difB1) > 15)
                workbufG[ver*WIDTH+hor] = 128 + difB1/2;
        else workbufG[ver*WIDTH+hor] = 128;

}}
                //    look for best Hough circle, store its points on edges
HoughAnal (workbufB, workbufG, houghVerHor);

        int             whereShEstS[shiftMemSize];

verBuf = decalBuf = 0;
for (ver = HEIGHT - 1; ver>= 0; ver --){
                if (houghVerHor[ver] != 1000

                        //    avoid vicinity of verToAvoid as it results in near-
                zero divide
                        //    (verToAvoid to be modified on other sequence? )
                        &&(ver > verToAvoid+3 || ver < verToAvoid-3)
                ) {                //    point on Hough circle stored
                        verLo = ver;
```

```
                horDecalLo = MatchHorEnv (workbufRight, workbufLeft,
                houghVerHor[ver], ver,
                                            (int)(ver * matchImgSlant +
                matchImgShift));
                 if (horDecalLo != 0xFFFF) {


                                          //      ver = 92 quasi 0 divide
shEst = (horDecalLo - ver * slantDecal) / (1 + ver * slantFact);

if (shEstMin < shEst && shEstMax > shEst) {
                shEstS[lowerFound] = shEst;
                whereShEstS[lowerFound] = ver;
                lowerFound++;
                }}
            if (lowerFound == shiftMemSize)
             ver = 0;
            }
          }
                                  //      calc slant & horHt from
                                  //      the 1 estimated parm
                                  //      not using min or max of them
                                  //      if enough points given
float maxSh = -1000, minSh = 1000, sumSh = 0;

if (lowerFound > 0) {
                for (ver = 0; ver< lowerFound; ver ++){
                sumSh += shEstS[ver];
                }
                shEst = sumSh / lowerFound;

                if (lowerFound > shiftMemSize - 2) {
                  for (ver = 0; ver< lowerFound; ver ++){
                     if (shEstS[ver] > maxSh) maxSh = shEstS[ver];
                     if (shEstS[ver] < minSh) minSh = shEstS[ver];
                  }
                  shEst = (sumSh - maxSh - minSh) / (lowerFound - 2);
                }

                matchImgShift = shEst;
                matchImgSlant = shEst * slantFact + slantDecal;
                horizonHeight = -shEst / matchImgSlant;
                }
for (ver = 0; ver< lowerFound; ver ++){
                fprintf (stderr,"     %f", shEstS[ver]);
                }
fprintf (stderr,"\n      %f %f    %hd \n", matchImgSlant, matchImgShift,
                horizonHeight);

                                                    //  skewed image
                comparison

int             bufIndxR, bufIndxL;

  for(ver = 0; ver<HEIGHT; ver++){              // rows
    bufSkew = (ver * matchImgSlant + matchImgShift);
    bufIndxR = ver*WIDTH;
    bufIndxL = bufIndxR + bufSkew;

    for(hor = 0; hor<WIDTH; hor++){             // columns
```

```
            workbufCurrent[ver*WIDTH+hor] = difPix ((int)workbufLeft[bufIndxL++]
                    -
                    (int)workbufRight[bufIndxR++]);


}               // columns
}               // rows

    for (ver = 0; ver < HEIGHT; ver++){                 // rows
        for (hor = 0; hor < WIDTH; hor++){              // columns
                workbufB[ver*WIDTH+hor] = workbufG[ver*WIDTH+hor];
}}
                                //      white out road surface points, darken
                others
int             tolerGris = 24;
    for (ver = 0; ver < HEIGHT; ver++){                 // rows
        bufSkew = (ver * matchImgSlant + matchImgShift);
        for (hor = 0; hor < WIDTH; hor++){              // columns
        if (
        workbufG[ver*WIDTH+hor] == 128
        || (
        (workbufCurrent[ver*WIDTH+hor] > 128 - tolerGris &&
                workbufCurrent[ver*WIDTH+hor] < 128 + tolerGris) &&
        (workbufCurrent[ver*WIDTH+hor - 1] > 128 - tolerGris &&
                workbufCurrent[ver*WIDTH+hor - 1] < 128 + tolerGris) &&
        (workbufCurrent[ver*WIDTH+hor + 1] > 128 - tolerGris &&
                workbufCurrent[ver*WIDTH+hor + 1] < 128 + tolerGris)
        )
        || bufSkew < 0 || (hor + bufSkew) >= WIDTH
        )
                workbufB[ver*WIDTH+hor] = 255;
        else workbufB[ver*WIDTH+hor] = 0;
        }}


int                     bufDispar, bufDisparOld, bufIndOld, cc, d;
unsigned char   dispArray[100];

for (ver = HEIGHT - 1; ver>= 0; ver --){                // rows
    bufSkew = ((ver+2) * matchImgSlant + matchImgShift);
    bufDisparOld = -9999;
    bufIndOld = ver*WIDTH;
    for (hor = 2; hor < WIDTH - 1; hor++){              // columns
for (d = 0; d < 100; d++) dispArray[d] = 0;
workbufCurrent[ver*WIDTH+hor] = bufSkew;
if (workbufB[ver*WIDTH+hor] != 255){
                for (d = bufSkew - 1; d < bufSkew + 10; d++) dispArray[d] = 1;
                for (d = workbufCurrent[(ver - 1)*WIDTH+hor] - 1; d <
                workbufCurrent[(ver - 1)*WIDTH+hor] + 10; d++) dispArray[d] = 1;
                for (d = workbufCurrent[(ver - 1)*WIDTH+hor - 1] - 1; d <
                workbufCurrent[(ver - 1)*WIDTH+hor - 1] + 10; d++) dispArray[d] =
                1;
                for (d = workbufCurrent[(ver - 1)*WIDTH+hor + 1] - 1; d <
                workbufCurrent[(ver - 1)*WIDTH+hor + 1] + 10; d++) dispArray[d] =
                1;
                for (d = workbufCurrent[(ver - 2)*WIDTH+hor] - 1; d <
                workbufCurrent[(ver - 2)*WIDTH+hor] + 10; d++) dispArray[d] = 1;
```

```
                    workbufCurrent[ver*WIDTH+hor] =
                    confDispArray (workbufRight, workbufLeft, hor, ver, dispArray);

                    }
}}


                                                  //       repaint 2
   for (ver = HEIGHT - 1; ver>= 0; ver --){
      bufSkew = ((ver+2) * matchImgSlant + matchImgShift);
      for (hor = 2; hor < WIDTH - 1; hor++){
                    workbufB[ver*WIDTH+hor] = workbufG[ver*WIDTH+hor] = 255;
                    if (bufSkew < 0) workbufB[ver*WIDTH+hor] =
                    workbufG[ver*WIDTH+hor] = 224;
                    }}

                                              //       project on road & paint black
   int                  maxRowDispar, vertPos;
   for (hor = 2; hor < WIDTH - 1; hor++){
                 maxRowDispar = 0;
                 for (ver = HEIGHT - 1; ver>= 0; ver --){
                 bufSkew = ((ver+2) * matchImgSlant + matchImgShift);
                 if ((abs (workbufCurrent[ver*WIDTH+hor] - bufSkew) > 1)
                       && (abs (workbufCurrent[ver*WIDTH+hor] - bufSkew) < 15))
                 {
                  vertPos = ((workbufCurrent[ver*WIDTH+hor] - matchImgShift) /
                  matchImgSlant) - 2;
                  workbufB[vertPos*WIDTH+hor] -= 1;
                  workbufB[(vertPos - 1)*WIDTH+hor - 1] -= 1;
                  workbufB[(vertPos - 1)*WIDTH+hor]     -= 1;
                  workbufB[(vertPos - 1)*WIDTH+hor + 1] -= 1;
                  }
                 }}

   for (ver = HEIGHT - 1; ver>= 0; ver --){
   if ((ver+2) * matchImgSlant + matchImgShift >= 0) {
      for (hor = 2; hor < WIDTH - 1; hor++){
                 if (workbufB[ver*WIDTH+hor] < 254) {
                     for (cc = 0; cc < 255 - workbufB[ver*WIDTH+hor]; cc++){
                        workbufG[(ver - cc)*WIDTH+hor] = 0;
                        }
                  }
                 }}}

   for (ver = HEIGHT - 1; ver>= 0; ver --){
      for (hor = 2; hor < WIDTH - 1; hor++){
      if (workbufG[ver*WIDTH+hor] == 0) workbufRight[ver*WIDTH+hor] = 0;
      else workbufRight[ver*WIDTH+hor] = workbufRight[ver*WIDTH+hor] / 2 + 128;
      }}
                                              //       mark horizon height
   for (ver = horizonHeight*WIDTH+150; ver< horizonHeight*WIDTH+250; ver ++){
                 workbufRight[ver] = 0;
                 }
                                          //       mark pts on Hough curve
   for (ver = HEIGHT - 1; ver>= 0; ver --){
                 if (houghVerHor[ver] != 1000)
                 workbufRight[ver*WIDTH+houghVerHor[ver]] = 0;
                 }
                                       //      mark pts on Hough curve selected
   SaveImageRect (NameIt (FILEout, nb), workbufRight);
   }
```

```
/********       mark        **********/
                                        //      draw empty rectangle
void mark (int row, int col, unsigned char *a)
{
int              ii, jj, big = 1, small = 0;

for (ii = row - big; ii <= row + big; ii++){
 for (jj = col - big; jj <= col + big; jj++){
   a[ii*WIDTH+jj] = 0;
              }}

for (ii = row - small; ii <= row + small; ii++){
 for (jj = col - small; jj <= col + small; jj++){
   a[ii*WIDTH+jj] = 255;
              }}
 }


/********       MatchHorEnv    **********/
                              //      checks disparity estimate
                              //      on continuous set of disparities
                              //      returns 0xFFFF if no good match
inline int MatchHorEnv (unsigned char *workbufRight, unsigned char *workbufLeft,
                        int hor, int ver, int dispIn)
{
int            marge = 5, margeDisp = 12, disp, j, error, minError = 200,
             dispKept = 0xFFFF;

for (disp = dispIn - margeDisp; disp <= dispIn + margeDisp; disp++) {
             error = 0;
             for (j = hor - marge; j <= hor + marge; j++) {
              error += abs (workbufRight[ver * WIDTH + j] - workbufLeft[ver *
              WIDTH + j + disp]);
             }
             if (error < minError) {
              minError = error;
              dispKept = disp;
             }
            }
return dispKept;
}


/********       confDispArray   **********/
                              //      checks disparity estimate
                              //      on non-continuous set
                              //      returns 0xFFFF if no good match
inline int confDispArray (unsigned char *workbufRight, unsigned char
             *workbufLeft,
                          int hor, int ver, unsigned char *dispArray)
{
int            marge = 5, disp, j, error, minError = 0x0FFFFFFF, dispKept =
             0xFFFF;

for (disp = 0; disp < 100; disp++) {
  if (dispArray[disp] != 0) {
             error = 0;
             for (j = hor - marge; j <= hor + marge; j++) {
              error += abs (workbufRight[ver * WIDTH + j] -
```

```
                        workbufLeft[ver * WIDTH + j + disp]) +
                    abs (workbufRight[(ver + 1) * WIDTH + j] -
                        workbufLeft[(ver + 1) * WIDTH + j + disp])
            ;
            }
            if (error < minError) {
             minError = error;
             dispKept = disp;
            }
           }}

    // minError is max 189 in road surface (possibly wrong) matches

return dispKept;
}


/********     difPix      **********/
                      //      for the difference image
inline int difPix (int a)
{
return (128 + a/2);
}
```

hough.cp contient les fonctions pour calculer la transformée de Hough et trouver le meilleur arc.

HoughAnal contient le squelette de l'analyse ainsi que la recherche de l'optimum.

DrawHough dessine une courbe correspondant à un point image dans l'accumulateur, faisant appel à DrawHoughPoint.

CheckHough vérifie si DrawHough **dessine sur un point donné dans l'accumulateur à partir d'un point dans l'image. Son intérêt est sa relative rapidité.**

ProjectionH réalise les projections entre le plan caméra et le plan route dans les deux sens.

IfInTriangle sert à éliminer des points de contour supplémentaires.

```
/*
 * Georges Gyory, INRIA     2001 - 2002
 */
#include <math.h>
#include <stdlib.h>
#include <stdio.h>
#include <string.h>
#include "const.h"

#define houghVerDiv          2
#define houghHorDiv          3
#define houghAccVerMax       (210 / houghVerDiv + 1)
#define houghAccHorMax       (380 / houghHorDiv + 1)
                             //     to leave a border around
#define houghAccCorr         (houghAccHorMax + 3)
#define houghAccIncr         1
#define houghDisplMult       3000.0
#define HorMASK              10
                             //     not int to avoid zero divide
#define rearAxisDist         60.1

#define houghDisplAdd        (100.0 / houghVerDiv)

#define Pt1X                 190
#define Pt1Y                 110
#define Pt3X                 38
#define Pt3Y                 230
#define Pt2X                 342
#define Pt2Y                 230

extern      int     nb;
extern      short       horizonHeight;

float       cHor = 190.0;
int         maxPtOnArc;

void        HoughAnal (unsigned char *workbufLeft, unsigned char
            *workbufRight,
                       short houghVerHor[]);
bool        IfInTriangle (int hor, int ver);
void        ProjectionH (int horIn, int verIn, int *horOut, int *verOut,
                         bool ifRd2Cam, float cHor);
void        DrawHough (int ver, int hor, int *workbuf);
```

```
short              CheckHough (int ver, int hor, int verAccu, int horAccu, int
                   *houghAccu);
inline int         absInt (int a);

extern             char*      NameIt (char *name, int num);

extern             int SaveImageRectC1 (char *Name, unsigned char *data, unsigned
                   char *workbufG, unsigned char *workbufB);
extern             void mark (int row, int col, unsigned char *a);



/********    HoughAnal    **********/
void  HoughAnal (unsigned char *workbufLeft, unsigned char *workbufRight, short
            houghVerHor[])
{
static       unsigned char   *workbufCurrent, *workbufGG, *workbufBB;//,
             *workbufDisp, *workbufOut
static       int        *houghAccu;
static       bool    ifFirst = true;
int             ver, hor, i, disp, horOut, verOut;

static int cptr = StartImg;


                                           //     init at 1st call
if (ifFirst) {
             houghAccu = new int [(houghAccHorMax + 2) * (houghAccVerMax +
             2)];
             workbufCurrent  = new unsigned char[WIDTH * HEIGHT];
             workbufGG  = new unsigned char[WIDTH * HEIGHT];
             workbufBB  = new unsigned char[WIDTH * HEIGHT];
       if( workbufBB==NULL ) fprintf (stderr,"workbufBB: Out of memory'\n");

             ifFirst = false;
             }
                                           //      end of init
for(ver = 0; ver < HEIGHT * WIDTH; ver++){
             workbufBB[ver] = workbufGG[ver] = workbufCurrent[ver] = 255;
             }
for(ver = 0; ver < (houghAccVerMax + 2) * (houghAccHorMax + 2); ver++){
             houghAccu[ver] = 0;
             }
for(ver = 0; ver < HEIGHT; ver++){
             houghVerHor[ver] = 1000;
             }
maxPtOnArc = 0;
  for(ver = horizonHeight + HorMASK; ver < HEIGHT; ver++){          // rows
    for(hor = 0 ; hor < WIDTH; hor++){                 // columns
if (workbufRight[ver*WIDTH+hor] > 128) {
             ProjectionH (hor, ver, &horOut, &verOut, false, cHor);
//           if (IfInTriangle (hor, ver)){
                                           //      updates maxPtsOnArc
             DrawHough ((verOut + (int)rearAxisDist) / houghVerDiv, horOut /
             houghHorDiv, houghAccu);
//           }
             }
}}
```

```
                                    //      look for max
int                 minHor, minVer, horStart, houghAccuSum, houghAccuSumMax,
                HhHorMid, HhMidWeight = 3;
float               rr;

minHor = minVer = 3;
houghAccuSumMax = -100;
HhHorMid = houghAccHorMax / 2;
                                                        //      max pts on arc

for(ver = 0; ver < houghAccVerMax; ver++){
    for(hor = 0; hor < houghAccHorMax; hor++){
if (houghAccu[houghAccCorr + ver*houghAccHorMax+hor] >= maxPtOnArc) {       //
                max in Hough accu
houghAccuSum = houghAccu[houghAccCorr + ver*houghAccHorMax+hor] +
                        houghAccu[houghAccCorr + ver*houghAccHorMax+hor - 1] +
                        houghAccu[houghAccCorr + ver*houghAccHorMax+hor + 1] +
                                                                            //
                pt below & above, owing top border
                        houghAccu[houghAccCorr + ver*houghAccHorMax+hor -
                houghAccHorMax - 2] +
                        houghAccu[houghAccCorr + ver*houghAccHorMax+hor +
                houghAccHorMax + 2]
                        ;
                                                                //
                favour lines in the horizontal middle
houghAccuSum = houghAccuSum * HhMidWeight *(HhHorMid * HhHorMid)
                        / (HhMidWeight * (HhHorMid - hor) * (HhHorMid - hor)
                + (HhHorMid * HhHorMid));

if (houghAccuSum > houghAccuSumMax) {
                minHor = hor;
                minVer = ver;
                houghAccuSumMax = houghAccuSum;
                }
            }
}}

int minVer1, minHor1;
minVer1 = minVer;
if (minVer1 == 0) minVer1 = 1;
if (minVer1 == houghAccVerMax - 1) minVer1 = houghAccVerMax - 2;
minHor1 = minHor;
if (minHor1 == 0) minHor1 = 1;
if (minHor1 == houghAccHorMax - 1) minHor1 = houghAccHorMax - 2;
mark (minVer1, minHor1, workbufBB);     //      mark chosen point of Hough
                accu in workbufBB

                                        //      and now just one circle
rr = (minVer + 0.5 - houghDisplAdd) * houghVerDiv / houghDisplMult / 100;
horStart = minHor * houghHorDiv;

                        //      check: mark points that gave this circle
int checkBuf, verChk, horChk;

horChk = minHor;
verChk = minVer;

checkBuf = houghAccu[houghAccCorr + verChk*houghAccHorMax+horChk];

    for(ver = horizonHeight + HorMASK; ver < HEIGHT; ver++){        // rows
```

```
            for(hor = 0 ; hor < WIDTH; hor++){                          // columns
       if (workbufRight[ver*WIDTH+hor] > 128) {

                    ProjectionH (hor, ver, &horOut, &verOut, false, cHor);

        if (CheckHough ((verOut + (int)rearAxisDist) / houghVerDiv,
                                    horOut / houghHorDiv, verChk, horChk, houghAccu)
                       == 1)
                                      {
                         houghVerHor[ver] = hor;
/*
             fprintf (stderr,"img %d         %d      %d       %d     %d \n", nb, ver, hor,
              (verOut + (int)rearAxisDist) / houghVerDiv, horOut / houghHorDiv);
*/
                         minVer1 = ver;
                         if (minVer1 == 0) minVer1 = 1;
                         if (minVer1 == HEIGHT - 1) minVer1 = HEIGHT - 2;
                         minHor1 = hor;
                         if (minHor1 == 0) minHor1 = 1;
                         if (minHor1 == WIDTH - 1) minHor1 = WIDTH - 2;

                         mark (minVer1, minHor1, workbufBB);
                                      }
                                      }
       }}
                                      //      normalize image for display
       for(ver = 0; ver<HEIGHT; ver++){
           for(hor = 0; hor<WIDTH; hor++){
           workbufGG[ver*WIDTH+hor] =
                         (workbufRight[ver*WIDTH+hor] <= 128 || ver < horizonHeight +
                HorMASK ? 255:0);
                       }}

       for(ver = 0; ver<houghAccVerMax; ver++){
           for(hor = 0; hor<houghAccHorMax; hor++){
               int bufInt;
               bufInt = houghAccu[houghAccCorr + ver*houghAccHorMax+hor];   ///
               bufInt = bufInt * 255 / maxPtOnArc;
               workbufCurrent[ver*WIDTH+hor] = 255 - bufInt;
                       }}
                                      //     mark number of points on circle in img
       for(ver = 11*WIDTH+35; ver<11*WIDTH+35+maxPtOnArc; ver++){
       workbufCurrent[ver] = workbufGG[ver] = workbufBB[ver] = 0;
       }

                                      //      mark cHor in img
                                      //      mark horHeight in img
       int markBuf;
       markBuf = horizonHeight*WIDTH+cHor;
       for(ver = -5; ver<6; ver++){
       workbufCurrent[markBuf + ver] = workbufGG[markBuf + ver] = workbufBB[markBuf +
                       ver] = 0;
       workbufCurrent[markBuf + ver * WIDTH] = workbufGG[markBuf + ver * WIDTH] =
                       workbufBB[markBuf + ver * WIDTH] = 0;
       }
                                      //     ... & save
```

```
//SaveImageRectC1 (Name (nb, 2), workbufBB, workbufCurrent, workbufGG);
SaveImageRectC1 (NameIt (FILEout2, nb), workbufBB, workbufCurrent, workbufGG);
}


/********       IfInTriangle      **********/
                    //      gives ponderation for contrast point on road,
                    //      preferring middle, or just used to restrict points
bool            IfInTriangle (int hor, int ver)
                    //      the points must turn clockwise
                    //      or change all the > to <
{
return (
((hor - Pt2X) * (Pt1Y - Pt2Y) + (ver - Pt2Y) * (Pt2X - Pt1X) >= 0) &&
//((hor - Pt3X) * (Pt2Y - Pt3Y) + (ver - Pt3Y) * (Pt3X - Pt2X) >= 0) &&
((hor - Pt1X) * (Pt3Y - Pt1Y) + (ver - Pt1Y) * (Pt1X - Pt3X) >= 0)
);
}


/********       ProjectionH       **********/
                    //      projection between road surface and camera image
void            ProjectionH (int horIn, int verIn, int *horOut, int *verOut, bool
                ifRd2Cam, float cHor)
                    //      take care that v != 0
{
float       v, h, cVer = 40.0, inDec, outDec;       //    cVer = 80

//float rearAxisDist = 65;      //      <<----- to tune ----

if (ifRd2Cam) {
            inDec = rearAxisDist;
            outDec = horizonHeight;
            }
else {
            inDec = horizonHeight;
            outDec = rearAxisDist;
            }

v = verIn - inDec;
h = horIn;

                        //      divide by ver of road, that of camera
            being constant
if (ifRd2Cam) {
            h = ((cHor - h) / v) + cHor;
            v = cVer / v;
            }
else {
            v = cVer / v;
            h = ((cHor - h) * v) + cHor;
            }

*horOut = h + 0.5;
*verOut = v + outDec + 0.5;
}


/********       DrawHoughPoint    **********/
                                //      draws point if inside Hough accu
inline void    DrawHoughPoint (int hor, int ver, int *houghAccu)
```

```
    {
    int             *ptPtr;

    if (ver >= 0 && ver < houghAccVerMax && hor >= 0 && hor < houghAccHorMax) {
                    ptPtr = &(houghAccu[houghAccCorr + ver * houghAccHorMax + hor]);
                    *ptPtr += houghAccIncr;
                    if (*ptPtr > maxPtOnArc) maxPtOnArc = *ptPtr;
                    }
    }


/********        DrawHough         **********/
                                    //      draws curve to Hough accu
    void            DrawHough (int ver, int hor, int *houghAccu)
    {
    int             i, j, jj, jOld = -1000;
    float           buff, k;

    for (i = (0 < hor - ver ? hor - ver : 0);
                    i < (houghAccHorMax > hor + ver ? hor + ver : houghAccHorMax);
                    i++){

                    buff = (hor - i);
                    k = (2 * buff) / (ver * ver + buff * buff);
                    j = houghDisplMult * k + houghDisplAdd;

                    if (abs(j - jOld) < 2)
                     DrawHoughPoint (i, j, houghAccu);
                    else {
                     if ((i > (0 < hor - ver ? hor - ver : 0)) && (j > jOld)) {
                         for (jj = jOld + 1; jj < (jOld + j) / 2; jj++)
                            DrawHoughPoint (i - 1, jj, houghAccu);
                         for (jj = (jOld + j) / 2; jj <= j; jj++)
                            DrawHoughPoint (i, jj, houghAccu);
                         }
                     if ((i > (0 < hor - ver ? hor - ver : 0)) && (j < jOld)) {
                         for (jj = jOld - 1; jj > (jOld + j) / 2; jj--)
                            DrawHoughPoint (i - 1, jj, houghAccu);
                         for (jj = (jOld + j) / 2; jj >= j; jj--)
                            DrawHoughPoint (i, jj, houghAccu);
                         }
                     }
                    jOld = j;
                    }
    }


/********        CheckHough        **********/
                    //      checks if curve in Hough accu by DrawHough
                    //      passes on given point - er, almost always
    short           CheckHough (int ver, int hor, int verAccu, int horAccu, int
                    *houghAccu)
    {
    int             i, j[3], *ptPtr;
    float           buff, k;

                            //      if in interval for i  --> Draw - approx.
    if (horAccu > (0 < hor - ver ? hor - ver : 0) &&
                    horAccu < (houghAccHorMax > hor + ver ? hor + ver :
                    houghAccHorMax)) {

                    for (i = horAccu - 1; i <= horAccu + 1; i++){
```

```
            buff = (hor - i);
            k = (2 * buff) / (ver * ver + buff * buff);
            j[i - horAccu + 1] = houghDisplMult * k + houghDisplAdd;
            }

                                            //     if jump of 1
            if (abs(j[1] - j[0]) < 2) {
                if (j[1] == verAccu)        return (true);}

                                            //     2nd half of 1st line
            else {
                if ((horAccu > (0 < hor - ver ? hor - ver : 0)) && (j[1] >
            j[0])) {
                    if (verAccu >= (j[0] + j[1]) / 2 && verAccu <= j[1])
                    return (1);
                    }

                if ((horAccu > (0 < hor - ver ? hor - ver : 0)) && (j[1] <
            j[0])) {
                    if (verAccu <= (j[0] + j[1]) / 2 && verAccu >= j[1])
                    return (1);
                    }
            }

                                            //     1st half of 2nd line
                if ((horAccu + 1 > (0 < hor - ver ? hor - ver : 0)) && (j[2]
            > j[1])) {
                    if (verAccu >= j[1] + 1 && verAccu < (j[1] + j[2]) / 2)
                    return (1);
                    }

                if ((horAccu + 1 > (0 < hor - ver ? hor - ver : 0)) && (j[2]
            < j[1])) {
                    if (verAccu <= j[1] - 1 && verAccu > (j[1] + j[2]) / 2)
                    return (1);
                    }
            }
return (0);
}
```

Oui, je veux morebooks!

i want morebooks!

Buy your books fast and straightforward online - at one of world's fastest growing online book stores! Environmentally sound due to Print-on-Demand technologies.

Buy your books online at
www.get-morebooks.com

Achetez vos livres en ligne, vite et bien, sur l'une des librairies en ligne les plus performantes au monde!
En protégeant nos ressources et notre environnement grâce à l'impression à la demande.

La librairie en ligne pour acheter plus vite
www.morebooks.fr

VDM Verlagsservicegesellschaft mbH

Heinrich-Böcking-Str. 6-8
D - 66121 Saarbrücken

Telefon: +49 681 3720 174
Telefax: +49 681 3720 1749

info@vdm-vsg.de
www.vdm-vsg.de

Printed by Books on Demand GmbH, Norderstedt / Germany